```
    E N
  C R U
• Z I •
  L H A
    D A
```

CB046928

Não vão nos matar agora

Jota Mombaça
Não vão nos matar agora

Cobogó

Sobre os livros da Encruzilhada

Se a encruzilhada no Ocidente reaparece como uma imagem, metáfora do impasse em seu instante decisório, quando não reduzida a cruz, tantas vezes tomada como condenação e condição de uma transcendência redentora, para o pensamento que nos interessa, a encruzilhada é uma instauração, é chave para a compreensão das experiências diaspóricas, na emergência de temporalidades e lugares forjados no trânsito de corpos e tradições. Do sequestro e tráfico de gente, do holocausto naturalizado desde o porão de navios e o cemitério atlântico até o campo aberto da plantação, emerge o aprendizado sobre um passado que *passou e não passou*, dando à noção de justiça o sentido próprio de uma escuta que se faz trabalho presente. Encruzilhada então resulta de uma confluência de conhecimentos, comportando o desafio e a viravolta, saberes e sua reinvenção — mapa de caminhos já transitados e ainda transitáveis, gesto de uma cena que é escolha e instância de uma ação prevista, mas não precipitada, em constante tradução. A convivência de fusos históricos — que a modernidade europeia tenta dissimular — faz supor o planeta como sendo um complexo de mundos e seus modos de vida.

A ideia de um fim de mundo, tão cara aos mundos que aprenderam a se reinventar, quando capturada pela lógica destrutiva do capitalismo e seu fetiche de um apocalipse final, acaba por impor a fraseologia acerca de um planeta que se confundiria com *esse* mundo. Aqui a pergunta não pode ser outra: o que acontece quando nos deparamos com o *fim deste mundo como o conhecemos*? Um livro, na sua singularidade, certamente não poderá responder a essa pergunta, mas, nos desvios que ensaia, talvez nos permita habitar a encruzilhada que aprendemos a nomear como presente, e, com isso, vislumbrar outras formas de conhecer. Na luta antissistema, trata-se de compreender o que ainda se pode imaginar *junto*. Aos sujeitos que conformam esse junto, talvez reste o trabalho de imaginar modos de fazer do capitalismo uma cidade fantasma. O antirracismo, os feminismos, o anticolonialismo, e reconfigurações imprevistas de classes em guerra, momentos de uma teoria crítica em movimento e outras formas da negação pautam nosso encontro. Sim, porque uma coleção de livros, na mobilização de ideias e interrogações, autoras e autores, leitoras e leitores, é também a ocasião para encontros — quem sabe — perigosos: riscos, como aqueles de um ponto riscado, mapa que nos leva a lugares que ainda não são, a partir dessa encruzilhada em que nos posicionamos, reconhecemos e saltamos.

JOSÉ FERNANDO PEIXOTO DE AZEVEDO
Coordenador da coleção

Sumário

Carta às que vivem e vibram apesar do Brasil   13

1. Na quebra. Juntas   21

0. O mundo é meu trauma   27

-1. A coisa tá branca!   35

-2. Para uma greve ontológica   49

-3. Rumo a uma redistribuição desobediente de gênero e anticolonial da violência   63

-4. Notas estratégicas quanto aos usos políticos do conceito de lugar de fala   85

-5. Veio o tempo em que por todos os lados as luzes desta época foram acendidas   91

-6. Escuro e não representação — sobre Noir*BLUE*, de Ana Pi   103

-7. Lauren Olamina e eu nos portões do fim do mundo   109

-8. Carta cifrada a Castiel Vitorino Brasileiro   113

-9. O nascimento de Urana   117

Carta à escritora de vidas infinitas, por Cíntia Guedes   131

Referências bibliográficas   137

Carta às que vivem e vibram apesar do Brasil

"Eu acho que o sonho fecunda a vida e vinga a morte."

CONCEIÇÃO EVARISTO[1]

É a última vez que falo sobre isso: o mundo tá acabando. De novo.

Parece contraditório, em meio a todas essas formas de colapso, enunciar o que este título enuncia. Não vão nos matar agora, apesar de que já nos matam. Não preciso retornar aos cenários. Os nomes não saem de nossas cabeças, apesar de concorrerem aos campos de esquecimento que formam a memória brasileira. Mas já não escrevo para despertar a empatia de quem nos mata. Este livro, e esta carta, eu dedico àquelas que vibram e vivem apesar de; na contradição entre a imposição de morte social e as nossas vidas irredutíveis a ela.

Não vão nos matar agora porque ainda estamos aqui. Com nossas mortas amontoadas, clamando por justiça, em becos infinitos, por todos os lugares. Nós estamos aqui e elas estão

---

1. Conceição Evaristo articulou essa ideia durante a conversa que manteve comigo por ocasião do wow — Festival de Mulheres no Mundo, no dia 21 de novembro de 2018, via YouTube.

conosco, ouvindo esta conversa e nutrindo o apocalipse do mundo de quem nos mata.

Já não temos tempo, mas sabemos bem que o tempo não anda só para a frente. Não vim aqui para cantar a esperança. Não temo a negatividade desta época, porque aprendi com os cálculos de Denise Ferreira da Silva que menos com menos dá mais e, portanto, nossas vidas negativadas se somam e se multiplicam à revelia. Então eu vim para cantar à revelia.

À revelia do mundo, eu as convoco a viver apesar de tudo. Na radicalidade do impossível. Aqui, onde todas as portas estão fechadas, e por isso mesmo somos levadas a conhecer o mapa das brechas. Aqui, onde a noite infinita já não nos assusta, porque nossos olhares comungam com o escuro e com a indefinição das formas. Aqui, onde apenas morremos quando precisamos recriar nossos corpos e vidas. Aqui, onde os cálculos da política falham em atualizar suas totalizações. Aqui, onde não somos a promessa, mas o milagre. Aqui, onde não nos cabe salvar o mundo, o Brasil ou o que quer que seja. Onde nossas vidas impossíveis se manifestam umas nas outras e manifestam, com sua dissonância, dimensões e modalidades de mundo que nos recusamos a entregar ao poder. Aqui. Aqui ainda.

Em 21 de junho de 2020, eu tentei começar a escrever esta carta. Não fiz mais do que um parágrafo, no qual dizia:

"Inicio esta escrita numa casa provisória, na cidade de Lisboa, onde estive retida ao longo dos últimos três meses em função das medidas de contenção da pandemia de covid-19 no continente europeu. De dentro do condomínio fechado onde me encontro, olhar o Brasil agora implica medir cada passo dessa distância, e testemunhar de longe a dor do território enquanto ela se materializa no meu corpo."

Hoje é 21 de novembro de 2020. Depois de dar um salto e voltar pra casa, perder a casa, cortar a base, ficar sem base de novo, consegui enfim voltar à casa provisória onde comecei a escrever esta carta. No intervalo, tudo e nada mudou. A fúria e a agonia condensadas foram tornadas pedra, pedra quente, pedra de lava. Despedaçada pela grande velocidade das idas e vindas de dados e luzes na tela. Ainda ontem, desde a minha distância, eu testemunhei a proliferação de conteúdos sobre mais um assassinato — a execução pública de João Alberto Silveira Freitas por um grupo de seguranças chancelados pela rede francesa de supermercados Carrefour em Porto Alegre. Tudo transmitido e comunicado, nesta cidade infinita e infinitamente vigiada que é a internet.

Não estou exilada. Da posição onde me encontro, posso dizer: não há exílio. Poucos meses atrás, Bruno Candé foi assassinado em Lisboa por um velho ex-combatente da guerra colonial em Angola, Evaristo Marinho. E este não é um caso isolado, assim como Portugal também não está isolado em relação à violência racial que opera por todos os cantos deste continente e além. Tudo nos leva a crer que estamos cercadas, que onde há nação há brutalidade, e onde há brutalidade nós somos o alvo.

Mas nós também estamos onde a mira não alcança, porque embora não haja exílio, há a fuga. A fuga para onde estas palavras rumam. A fuga onde a gente se encontra.

Sinto que comecei a fugir do Brasil antes mesmo de migrar. Sinto que isso é verdade para muitas de nós. O Brasil, em sua autodescrição como promessa utópica de um mundo pós-racial, configura-se, mais bem, como uma distopia antinegra e anti-indígena, em que as figurações de uma liberdade carnavalizada expressam não a ruptura com todas as normas, mas seu excesso. O Brasil, essa ficção colonizada e recolonial, submissa ao imperialismo e imperialista, dominada e dominante, nunca serviu de fato ao propósito das lutas contínuas por liberação do território e dos corpos subjugados em sua construção.

Fugir do Brasil não significa, necessariamente, migrar, porque os limites territoriais impostos à terra são seu cativeiro e não sua definição. Brasil é o que acontece quando a milícia do presidente executa Marielle, quando a Marinha tenta obstruir o direito do Quilombo do Rio dos Macacos às suas terras, quando o Amapá tem a eletricidade e a dignidade roubadas pela Isolux, quando a lama da Vale soterra cidades, quando o irmão do grande herdeiro explora suas minas de diamante, quando o cerrado e a floresta queimam, quando uma de nós se suicida, quando uma travesti é assassinada, a cada tiro da polícia, de qualquer polícia, pública ou privada. O Brasil é o que asfixia e mata. O Brasil é a chacina.

Toda a beleza e todo respiro que existem vieram a ser apesar do Brasil. Então é para o apesar, para o terreno da força que contradiz toda brutalidade, que estas palavras fogem. Elas fogem para a beleza, mesmo que para isso tenham de passar por campos em chamas. A meta não é tanto o outro lado, mas o aqui, esse aqui para onde estamos indo e onde já estamos. O aqui de onde viemos.

Este livro foi feito como uma barricada, para roubar tempo. É uma compilação de críticas e de pistas. Críticas aos modos sutis e não tão sutis de atualização da violência sistêmica da branquitude e do fundamentalismo cisgênero, observadas desde a posição contraditória que ocupo, de um corpo normativamente classificado como pardo, e portanto politicamente negro e indiretamente atravessado pelas memórias indígenas (potiguaras e "tapuias") e seus apagamentos na construção da identidade brasileira. Tal posição, atravessada também por privilégios da ordem do colorismo, permitiu-me acessar e sustentar a possibilidade e a passagem por dentro de um sistema que, embora informado por discursos sobre justiça e descolonização, segue reproduzindo modos de atualização antinegra e anti-indígena.

Não falo de um acesso linear, mas armadilhado. A minha caminhada está tão informada pelo privilégio colorista quanto pela insuficiência de tal privilégio em face das economias e coreografias elitistas da supremacia branca e cisgênera. Nessa contradança tensa, contudo, eu pude testemunhar os limites daquilo que a branquitude e o fundamentalismo cisgênero nomeiam "inclusão". Quando aprendi com Musa Michelle Mattiuzzi sobre a "inclusão pela exclusão",[2] dediquei-me a estudar as curvas e os nós desse processo. Assim é que parte das críticas aqui contidas aponta na direção deste problema, que é a brutalidade da apropriação e do roubo na chave da benevolência; o problema do uso branco e cisgênero das categorias de justiça social para seguir replicando as condições de reprodução da injustiça sistêmica.

Mas a crítica é uma bússola viciada quando se trata de abolir o mundo como o conhecemos rumo à possibilidade de viver outramente.[3] Por isso, espalhadas pelas palavras e forças deste livro, estão pistas mais-do-que-críticas[4] para a travessia e para a fuga. Não são receitas, fórmulas, chaves para abrir grandes portões; são, antes, o rascunho de rotas provisórias, o sussur-

---

2. Refiro-me às elaborações contidas no texto *"merci beaucoup, blanco! escrito experimento fotografia performance"*, publicado por ela em 2016, como um caderno da Oficina de Imaginação Política (32ª Bienal de São Paulo). Disponível em: https://issuu.com/amilcarpacker/docs/merci_beaucoup_blanco_michelle_mat.

3. A formulação "o mundo como o conhecemos", que se repete ao longo desta carta e do livro como um todo, é uma referência ao modo como Denise Ferreira da Silva nomeia o projeto Moderno em sua relação com o mundo social e com a vida planetária. Assim também as articulações do "fim" de tal mundo se relacionam com como Ferreira da Silva apresenta "o fim do mundo" como uma práxis. Ver Ferreira da Silva, Denise. "Para uma Poética Negra Feminista: A Busca/Questão da Negridade para o (fim do) Mundo." Disponível em: https://casadopovo.org.br/wp-content/uploads/2020/01/a-divida-impagavel.pdf.

4. Fred Moten, a certa altura de seu livro *Stolen Life*, articula a ideia de um "criticismo mais-do-que-crítico" que é como "ver coisas".

ro de possibilidades impossíveis, a manifestação misteriosa da existência do que não existe...

Tais pistas, portanto, servem e não servem, assim como as críticas com que estão misturadas. É tudo experimento na borda das coisas, lá onde estamos prestes a dissolver as ficções de poder que nos matam e aprisionam; lá, aqui, todas essas geografias onde fomos saqueadas, e nos tornamos mais-do-que-aquilo-que-levaram; onde fomos machucadas, e nos tornamos mais do que um efeito da dor; onde fomos aprisionadas, e nos tornamos mais do que o cativeiro; onde fomos brutalizadas, e nos tornamos mais do que a brutalidade. Lá, aqui, onde fomos assassinadas, e nos tornamos mais velhas que a morte, mais mortas que mortas,[5] e nesse fundo — esse fora que não só não está fora como está dentro de tudo —, nesse cerne em que fomos colocadas, fecundamos a vida mais-do-que-viva, a vida emaranhada nas coisas. Ou, para ativar o presente que Cíntia Guedes me ofereceu e está registrado também aqui, como posfácio: "a vida infinita."

Não vão nos matar agora!

---

5. Referência ao título do trabalho de Ligia Lewis, *deader than dead* (2020).

1. Na quebra. Juntas

Saí de casa com um vestido preto com florezinhas vermelhas estampadas, um dos poucos que eu tenho e, certamente, o que eu mais usei na vida até agora. A certa altura, na área comum do espaço cultural onde a conferência de que estava participando acontecia, encontrei uma pessoa conhecida recentemente, mas já algo especial, e ela elogiou minha roupa, emendando — suave e cuidadosamente — o seguinte comentário: "É preciso ter um sentido muito forte de si mesma para simplesmente sair dessa maneira no mundo, não é?" Meio inquieta e intuitivamente eu, no entanto, respondi: "Talvez seja precisamente o contrário: é preciso ter de si um sentido muito quebrado para simplesmente sair dessa maneira no mundo." Intrigada, ela me olhou e pediu que, caso eu pudesse, falasse sobre isso mais densamente. Este texto é, de certa forma, uma tentativa de fazer isso; e, ao mesmo tempo, um modo de começar a rastrear, na quebra, as forças que se precipitam para fora e além dos ideais normativos de gênero, sujeito e coletividade.

A questão que se projeta sobre o texto pode, portanto, ser formulada assim: e se, em vez da inteireza, da autoconsciência, da capacidade de autodeterminação e autoestima, houvesse um sentido de quebra que desloca efetivamente as posições inconformes à matriz cisgênera? E se essa sujeição inconsistente, esse modo de ser quebrado demais para traduzir-se em uma coerência identitária e representativa, qualquer que seja, insinuasse também uma forma de presença efetivamente desobediente de gênero? E se, às margens do grande nós universal (humano, branco, cisgênero e heteronormativo) a partir do qual se formula e engendra um certo projeto de sujeito e identidade, outros modos de criar coletividade e de estar juntas se precipitassem na quebra e através dela? E as perguntas não param aí, se multiplicam: como habitar uma tal vulnerabilidade e como engendrar, nesse espaço tenso das vidas quebradas pela violência normalizadora, uma conexão afetiva de outro tipo, uma conexão que não esteja baseada na integridade do sujeito, mas em sua incontornável quebra?

Este texto também está informado pelo denso processo experimental, performativo e político que se deu durante a residência Politizar a Ferida, programada por mim com o apoio institucional, afetivo e financeiro do Água Viva Concentrado Artístico, como parte de seu projeto TRANSBORDA. Por uma semana, um grupo de cerca de dez pessoas se encontrou numa casa próxima ao centro de Curitiba para experimentar modos de pensar e fazer performance desde corporalidades inscritas por feridas histórica e socialmente constitutivas do mundo como nos foi dado conhecer. Assim, mais do que um espaço para formação artística, constituiu-se um espaço de exercício ético e reelaboração dos modos de ser vulnerável em grupo, tendo em vista o modo como gordofobia, supremacia branca, heteroterrorismo e transfobia interatuam na reprodução da morte como expectativa de vida de muitas pessoas como as que *nos reunimos* nesse contexto.

Mas que tipo de coletividade se põe a operar no encontro de histórias de injustiça contadas desde posições tão diferentes, e sempre já assimétricas? O que significa, num contexto como o dessa residência (e para além dela), insinuar um arranjo, um encontro, uma espécie de nós cujo efeito não seja o aniquilamento do caráter inassimilável de cada corpo e de suas feridas? E como isso remonta à cena da quebra, à hipótese de que não é na plenitude ontológica, mas na multidão de estilhaços que se produz a possibilidade de um outro modo de existência em conjunto?

Para falar sobre a quebra, é preciso imediatamente escapar de estruturas lógicas que oposicionam indivíduo e coletividade, independente de que tendência essas estruturas demonstrem. Não é sobre quebrar a lógica neoliberal do individualismo rumo a um mergulho no comum que eu vim falar aqui. Tampouco é sobre afirmar essa lógica. Trata-se, mais bem, do reconhecimento de uma posição sempre já aquém do individual — porque desmontada por efeito de violências sistêmicas desindividualizantes — e de uma coletividade sempre já aquém do comum — porque inassimilável do ponto de vista das lógicas coletivas generalizantes. Nem eu nem nós como entidades internamente coerentes. Falo aqui de uma presença que escapa ao gesto mesmo de apreensão a que este texto se gere; falo de uma força que não é nem o sujeito e nem o mundo, mas atravessa tudo.

É provável, aliás, que este texto termine sem oferecer uma definição suficientemente bem articulada quanto ao que aqui se apresenta como "a quebra". Esse talvez seja o modo de a quebra — menos como entidade autônoma do que como força incapturável — definir-se em sua resistência à definição. Assim, a quebra seria o que não se define, porém não por heroísmo pós-moderno, sim, por fracasso e insuficiência. A quebra não se define porque não cabe em si mesma, porque quando uma vidraça arrebenta, os estilhaços correm para longe, sem nenhuma ordenação plausível. Tendo como exemplo essa imagem, e finalmente me aproximando o mais possível de uma definição: o que aqui chamo quebra não são os estilhaços, mas o movimento abrupto, errático e desordenado do estilhaçamento.

Então se pensada como estilhaçamento, como é possível insinuar na quebra um qualquer modo de estar junto? Se a quebra rompe com um sentido de integridade, como então pode precipitar a reunião de forças, entidades e existências? Se ela é o evento do desmantelamento, após o qual um corpo já não pode ser lido como um corpo próprio, que política da afinidade pode ser engendrada aí, apesar e através da quebra?

A experiência em Curitiba, ao longo dos dias de residência, de alguma maneira, abriu a cena dessas questões. Para mim, que lá estava como programadora/proponente, foi sem dúvida um exercício duro, arriscado, confuso e frequentemente exaustivo. Minha metodologia — intuitiva e experimental — foi a de me apresentar em minha insegurança e vulnerabilidade, pondo minha própria posição e meus modos de chegar à arte da performance em questão a todo tempo. Isso permitiu, por um lado, criar uma situação em que todas as pessoas participantes da residência podiam, caso quisessem e se manifestassem nesse sentido, assumir minha posição, propondo exercícios e dinâmicas, mas também gerou uma sensação permanente (pelo menos para mim) de pontas soltas, arestas mal-aparadas, movimentos em aberto e exercícios inconclusivos.

Descrita de tal modo pode parecer que a experiência foi, na verdade, um desastre, mas ocorre que, se foi um desastre, não é de um ponto de vista moral que eu agora a considero: não escrevo aqui para diagnosticar o bem ou o mal de uma experiência coletiva desastrosa, mas para perguntar que forças, que densidades, que movimentos de vida, afinal, tal encontro propicia? Pois em sua fragilidade e descompasso, essa experiência trouxe à tona expressões tanto performativas — propostas e performadas ao longo da residência — quanto afetivas — excitadas e experimentadas nos momentos juntos, dentro, fora e para além do espaço que ocupamos — que se precipitam sobre as dinâmicas políticas, éticas e estéticas da coletividade contingente que engendramos ali como um modo de estar na quebra. Juntas.

E nada disso é fácil, nada disso é sem dor e desconforto. Ao tatear a possibilidade de uma coletividade forjada no movimento improvável de um estilhaçamento, vai ser sempre necessário abrir espaço para os fluxos de sangue, para as ondas de calor e para a pulsação da ferida. Politizar a ferida, afinal, é um modo de estar juntas na quebra e de encontrar, entre os cacos de uma vidraça estilhaçada, um liame impossível, o indício de uma coletividade áspera e improvável. Tem a ver com habitar espaços irrespiráveis, avançar sobre caminhos instáveis e estar a sós com o desconforto de existir em bando, o desconforto de, uma vez juntas, tocarmos a quebra umas das outras.

Enquanto me encaminho para o fim deste ensaio — tão inconclusivo quanto pode ser um ensaio feito em torno de perguntas para as quais não há resposta —, me pergunto sobre como isso toca o comentário da amiga que mencionei no primeiro parágrafo deste texto. Isto é, quanto essa reflexão adensa a ideia de que o sentido quebrado de si que acompanha o meu movimento de mundo como corpo monstruoso, de presença aberrante e desobediente de gênero, marca, enfim, um outro modo de habitar e enfrentar o mundo. Então olho a história do meu nome, deste corpo, dos gêneros que por ele passam, e me perco no exercício poético e político de dar conta da quebra que me atravessa, desmonta e, paradoxalmente, viabiliza.

0. O mundo é meu trauma

Primeira Nota. Preciso não escrever um manual de ética, mas rasgar todas as recomendações que me impedem de aderir à linguagem do meu desespero. Não é que este afeto rarefeito possa indicar a quem quer que seja a saída de algo, mas não é ao acaso que ele me toma e encontra em mim os buracos e flechas que atravessam minha carne, esta carne política feita de especulação e memória, de força e matéria. Preciso não escrever sobre como atravessar um processo perante o qual me sinto perdida. Preciso não escrever sobre o que fazer quando estou paralisada. Se posso arrancar da paralisia e da confusão um outro modo de escrita, preciso escrever sem garantias de que escrever mostrará as saídas; escrever com o risco de mergulhar em espiral negativa e me afogar no ar seco da dúvida. Preciso não escrever, mas insisto e escrevo. Uma promessa e uma dívida: de mesmo em face do máximo despojamento, preservar com a própria vida esse risco.

Segunda Nota. Àquelas de nós cuja existência social é matizada pelo terror; àquelas de nós para quem a paz nunca foi uma opção; àquelas de nós que fomos feitas entre apocalipses, filhas do fim do mundo, herdeiras malditas de uma guerra forjada contra e à revelia de nós; àquelas de nós cujas dores confluem como rios a esconder-se na terra; àquelas de nós que olhamos de perto a rachadura do mundo, e nos recusamos a existir como se ele não tivesse quebrado: eles virão para nos matar, porque não sabem que somos imorríveis. Não sabem que nossas vidas impossíveis se manifestam umas nas outras. Sim, eles nos despedaçarão, porque não sabem que, uma vez aos pedaços, nós nos espalharemos. Não como povo, mas como peste: no cerne mesmo do mundo, e contra ele.

EU QUIS QUEIMAR A LÍNGUA QUE ME HAVIA SIDO ENSINADA.

ESSA LÍNGUA NA QUAL TODA PALAVRA ESTÁ MANCOMUNADA COM A REPRODUÇÃO DE NOSSA ININTELIGIBILIDADE.

SOMOS SIMULTANEAMENTE TORNADAS INCÓGNITAS E LEVADAS A LUTAR PELA LINGUAGEM.

NA PEÇA DE ODETE E BRUNO EU LI UMA FRASE SOBRE APENAS """"POSSUIRMOS"""" (ENTRE MUITAS ASPAS) A LINGUAGEM QUE REPRODUZ NOSSA INEXISTÊNCIA.

ISSO ESTAVA ESCRITO NA PAREDE. COM A LINGUAGEM QUE REPRODUZ NOSSA INEXISTÊNCIA.

EU TENHO UMA CENA NA CABEÇA E ELA ME ASSUSTA. HÁ TRÊS DIAS SINTO QUE NÃO SAIO DE UMA ESPIRAL NEGATIVA.

O PESSIMISMO É TÃO POTENCIALMENTE TÓXICO QUANTO
A CRENÇA NA VERDADE, NO FUTURO E NO BEM.

SE A GENTE AO MENOS SOUBESSE ENFEITIÇAR OS EFEITOS DA
ANSIEDADE NOUTRAS DIREÇÕES, PARA APRENDER COM ELES.

MAS A GENTE VAI FICANDO DOENTE E SE SENTE DESCARTÁVEL.

ESTAMOS SEMPRE À PORTA OU NA ESQUINA DE QUALQUER COISA.

EM HOMENAGEM A CONCEIÇÃO EVARISTO, A GENTE
COMBINAMOS DE NÃO MORRER. PRECISÁVAMOS TAMBÉM
QUE ELES TIVESSEM COMBINADO DE NÃO NOS MATAR.

EU SEI QUE ELES NÃO ESTÃO APENAS LÁ FORA. NÃO VI
QUANDO SE INSTALARAM, MAS EU OS SINTO MEXER BEM
NA ESPINHA DORSAL DE TODOS OS MEUS TRAUMAS.

SÃO ELES QUE MORREM A GENTE,
APESAR DO QUE A GENTE COMBINAMOS.

ENTRETANTO O TERAPEUTA, UMA BICHA PRETA — E TENHO
ORGULHO DE DIZER QUE PROCUREI UMA BICHA PRETA COMO
TERAPEUTA PORQUE DE REPENTE SENTI QUE NÃO DAVA MAIS,
QUE NÃO DAVA MAIS, E QUE EU ESTAVA ME AFOGANDO —,
POSTOU UM DIA DESSES: VOCÊ É MAIOR QUE O SEU TRAUMA.

MEU EX-NAMORADO, PANELEIRO (EM PORTUGAL É ASSIM
QUE SE DIZ "BICHA") E BRANCO — QUE NA CONTRADIÇÃO
DOCE E DENSA, MÁGICA E TENSA DAS INTIMIDADES,
PROPICIOU COMIGO AFETOS CÚMPLICES ENQUANTO
OS FANTASMAS DE DÍVIDAS E DORES IRRECONCILIÁVEIS
PERCORRIAM OS CÔMODOS DA CASA E SE PENDURAVAM NA
MOBÍLIA —, POSTOU A MESMA COISA NO DIA EM QUE FUI
ACOSSADA POR UMA SENHORINHA LUSITANA NA RUA.

ELA CHAMOU A POLÍCIA E EU DISSE:
SR. POLICIAL, EU SOU MAIOR DO QUE VOCÊ.

EU SOU MAIOR DO QUE TODAS AS SENHORINHAS LUSITANAS
QUE APRENDERAM A LER MEU CORPO COMO AMEAÇA.

EU SOU MAIOR DO QUE AS FLUTUAÇÕES ECONÔMICAS
E DO QUE O TRABALHO COLAPSADO.

A SENSAÇÃO DE QUE DEVO ALGO É TÃO RECORRENTE,
AINDA QUE ISSO JÁ NÃO ME IMPEÇA DE DIZER A ELES
— DE NOVO ELES, SEMPRE ELES — QUE NÃO DEVO.

QUE A DÍVIDA É A HERANÇA DELES.

EU ESCREVI A SANGUE NA CALÇADA DOS
INVASORES: VOCÊS NOS DEVEM.

MINHA PROFECIA DIZ QUE, ASSIM COMO NÓS, OS NOSSOS
FANTASMAS VIRÃO COBRAR. QUE JÁ ESTÃO A CAMINHO.

ESCREVER A FRASE NA PELE DO PAÍS NÃO GARANTE QUE CESSE
A LUTA CONTRA A SENSAÇÃO DE QUE SOU EU QUE DEVO.

ISSO NÃO PASSA DE UMA FORMA DE CORTAR O
MUNDO. E O MUNDO É MEU TRAUMA.

EU SOU MAIOR QUE O MEU TRAUMA. (?)

PORQUE SE O MUNDO, QUE É MEU TRAUMA, NÃO
PARA NUNCA DE FAZER SEU TRABALHO, ENTÃO SER
MAIOR QUE O MUNDO É MEU CONTRATRABALHO.

EU ACHEI QUE VINDO AQUI EU IA PODER PEGAR O QUE É
MEU, MAS EU NÃO ME VEJO EM ABSOLUTAMENTE NADA.
SÓ ENCONTRO ESPELHOS BRANCOS E PENDURICALHOS.
NADA DO QUE HÁ AQUI ACERTA A CONTA DESSA
DÍVIDA PORQUE ESSA DÍVIDA É IMPAGÁVEL.

TEM UM TEXTO QUE DIZ QUALQUER COISA SOBRE A
DÍVIDA IMPAGÁVEL. É DA DENISE FERREIRA DA SILVA.

EU TIVE A OPORTUNIDADE DE TRADUZIR COISAS DA DENISE,
MAS FALHEI SISTEMATICAMENTE. UMA VEZ ATRÁS DA OUTRA.

E MESMO ATÉ CHEGAR NESTE TEXTO EU PERDI
TANTOS PRAZOS QUANTO ME FORAM DADOS.

PERCEBE A RECORRÊNCIA, LEITORA
OCASIONAL DESTE DESABAFO?

DE ACATAR PRAZOS E FAZER PROMESSAS, ISTO EU NÃO
PARO. ASSIM, QUANDO PARO DE TRABALHAR, TENHO
O TRABALHO DE FRACASSAR PARA DAR CABO.

E SOU MAIOR QUE ESSE TRABALHO E QUE OS PRAZOS E QUE O
MEDO DE NÃO TER DINHEIRO E DE NÃO FECHAR A CONTA.

EU SOU MAIOR QUE A AMPULHETA ENTORNANDO.

ÀS VEZES EU SINTO QUE O VAZIO QUE ME TRAGA
TODAS AS MANHÃS E À NOITE É COEXTENSIVO
AO VAZIO DO MEU EXTRATO BANCÁRIO.

EU SINTO QUE A PRESSA AUTODESTRUTIVA QUE
ME CONSOME DO MEIO-DIA ATÉ O FIM DA TARDE É
INVERSAMENTE PROPORCIONAL À CALMA CRUEL E
ASSASSINA DO SERVIÇO DE ESTRANGEIROS E FRONTEIRAS.

EU SOU MAIOR QUE ESSA MATEMÁTICA.

EU SOU MAIOR QUE O SERVIÇO DE ESTRANGEIROS E FRONTEIRAS.

MAIOR QUE TODAS AS FRONTEIRAS. MAIOR QUE AS FILAS DE DOCUMENTOS, TELEFONES OCUPADOS, OLHARES TORTOS E SAUDAÇÕES À BANDEIRA.

UMA VEZ ELE ME DISSE QUE EU PODIA ENTRAR LÁ COMO UM TOURO NUMA LOJA DE PORCELANA. A BICHA ONTEM QUANDO VIU QUE EU ESTAVA TRISTE ME DISSE QUE A TRISTEZA É O FUNDAMENTO DA BICHA-BOMBA: O PREÇO DE DESTRUIR A MERDA TODA QUE NOS CONSTRANGE É DEMORAR TEMPO DEMAIS ATÉ NOTAR QUE A EXPLOSÃO TAMBÉM TE DEIXA DESTRUÍDA.

FUI TRAMADA EM EXTREMOS DE FORÇA. E COMO A BICHA MESMO DISSE: SOMOS EXTERMINADORAS E EXTERMINADAS.

VIDA ÚTIL CURTA. FATALISMO.

ESTAMOS SÓS NA DOR DE NOSSAS POSIÇÕES.

SE POR DOIS SEGUNDOS EU PONHO A CABEÇA FORA DA ESPIRAL EM QUE ESTOU AFOGANDO, CHEGO A UMA CONCLUSÃO IMEDIATA: OU EU PARO OU ISSO PARA COMIGO.

MAS QUANDO UM CORPO NEGRO PARA DE FUNCIONAR, QUEM OU O QUE PODE AMPARÁ-LO?

E QUANDO A GENTE QUEBRA, QUE INFRAESTRUTURAS
SE PRECIPITAM, AS DO CUIDADO OU DO DESCARTE?

QUANTO TEMPO LEVA PARA SERMOS APAGADAS,
DEPOIS QUE AS PALAVRAS, LINGUAGENS E OS GESTOS
DEIXAM DE FAZER QUALQUER SENTIDO?

O QUE SOBRA DE UM CORPO NEGRO, QUANDO ELE PRÓPRIO
CONSENTE PERDER A BATALHA CONTRA O MUNDO?

−1. A coisa tá branca!

Quando foi inaugurada a estátua do Padre Antônio Vieira, ainda este ano, no largo Trindade Coelho, em Lisboa, houve uma pequena comoção entre aqueles intelectuais e artistas brancos cujo trabalho enseja os debates antirracista e descolonial. Em Portugal, aparentemente, o tema da negritude e da colonialidade tem tido algum destaque, sem que isso necessariamente configure a abertura dos circuitos àqueles corpos histórica e socialmente implicados pela racialização e pela ferida colonial. A quantidade de textos a abordar o racismo da sociedade portuguesa parece, curiosamente, ser inversamente proporcional à quantidade de intelectuais e artistas negras visíveis no contexto local. Isso evidentemente não fala sobre escassez, mas sobre a densidade dos regimes de apagamento que operam ativamente na constituição dos debates críticos em Portugal.

Na esteira desses processos, os debates quanto à noção de "lugar de fala" começam a emergir de formas mais ou menos controversas. Se por um lado essa ferramenta aparece como parte de um escopo crítico antirracista e anticolonial contemporâneo, cujo sentido é o de abrir espaço para formas de enunciação historicamente desautorizadas pelos regimes de fala e escuta da supremacia branca e do eurocentrismo; por outro, há também uma crítica tendencialmente branca que insiste em identificar as ativações desse conceito à prática de censura, na medida em que os ativismos do lugar de fala supostamente desautorizam certos corpos (nomeadamente os brancos, cisgêneros, heterossexuais etc.) a falar. Parece-me bastante evidente que essas críticas, na realidade, ressentem nos usos políticos do conceito de lugar de fala o desmonte da possibilidade de uma enunciação universal, na medida em que essa ferramenta atinge de frente o regime de verdade que historicamente configurou essa posição (o universal) como sendo acessível tão somente desde lugares de fala muito específicos (a branquitude, a europeidade, a cisgeneridade etc.).

Entretanto meu interesse aqui não é voltar a esse tema, o qual já foi trabalhado por mim em textos como "Pode um cu mestiço falar?" e "Notas estratégicas quanto aos usos políticos do conceito de lugar de fala" (cap. −4), ambos acessíveis online, assim como em falas públicas como "Lugar de Escuta" (cujo vídeo está também disponível online), na conferência Vozes do Sul do Festival do Silêncio e na entrevista "Lugar de Fala e Relações de Poder" concedida a Carla Fernandes para a Rádio AfroLis. O que este texto enseja é, mais precisamente, interrogar os limites da apropriação branca dos discursos e práticas antirracistas e descoloniais evidenciando o modo como certas dinâmicas dessa apropriação tendem a operar em descontinuidade com uma necessária ética situada, que habilite corpos historicamente privilegiados pela racialização e pela colonialidade a não reencenarem o teatro de sua dominância e protagonismo social.

A estátua do Padre Antônio Vieira reaparece, portanto, como índice simbólico e material do tipo de registro no qual as condições de possibilidade dessa dominância e protagonismo foram forjadas. A reciclagem "pós-colonial" dessa personagem, amparada pelo imaginário amplamente difundido da colonização portuguesa como branda e, particularmente, do referido padre como tendo sido uma figura sensível à humanidade das gentes que viviam nas terras do que hoje chamamos Brasil, atesta de maneira contundente a hegemonia do lugar de fala branco-colonial como infraestrutura dos regimes de verdade que até hoje determinam as condições ontoepistemológicas de enunciação. Assim, no limite, as críticas brancas à instauração da estátua podem, quando deslocadas de uma ética efetivamente disruptiva da colonialidade e do racismo, ser inscritas pela mesma lógica de atribuição de valor às vozes brancas que oferece o solo subjetivo no qual a memória heroica de Vieira está assentada.

Essa é a contradição fundamental que acompanha as alianças brancas: a continuidade entre suas posições e o sistema simbólico contra o qual supostamente se articulam. Embora não impossibilite o necessário trabalho de colaboração das pessoas brancas e historicamente privilegiadas pela colonialidade com as lutas que apontam para o desmonte desses sistemas de reprodução social, tal contradição preenche o espaço intersubjetivo entre alianças brancas e as lutas antirracista e anticolonial com armadilhas cujos efeitos são sempre mais destrutivos para aquelas pessoas não amparadas pela infraestrutura da branquitude. Isso evidencia não só a tenacidade do capitalismo racial como regime de distribuição desigual da violência, mas também o caráter imprescindível de uma autocrítica radical da branquitude que tenha como finalidade o desmonte do racismo e da colonialidade não apenas como índice estruturante do mundo, mas como espinha dorsal do projeto global de subjetividade branca e europeia que lhe é condicionante.

Nesse sentido é que o trabalho político desses artistas e intelectuais eurobrancos cujos discursos pretendem desafiar a renitência do racismo na cultura portuguesa de hoje deve necessariamente ir além da crítica à estátua, cuja inscrição maciça na paisagem lisboeta pode tanto hiperevidenciar a densidade da mentalidade colonial no presente quanto camuflar os modos muito mais discretos como esta se afirma no tecido relacional da vida entre o mundo dos brancos e as pessoas sistematicamente marginalizadas por ele. É na própria dinâmica existencial da branquitude, onde a infraestrutura de seus privilégios se afirma, que o trabalho deve ser feito. São as relações íntimas, os princípios de seguridade social e subjetiva, as dinâmicas de interação uns com os outros e com o mundo, enfim, toda a série de gestos, circuitos e processos que dão textura à vida branca como norma social que devem ser postas em xeque pelas alianças brancas.

Num contexto como o lisboeta, em que os circuitos intelectuais e artísticos parecem operar ainda com base num programa relacional mais ou menos programático, no qual as possibilidades de acesso a certas instâncias de visibilidade e circulação parecem muito mais evidentemente associadas à capacidade de cumprir com uma certa expectativa social (com frequência matizada por privilégios de raça, classe e gênero) do que propriamente com os tipos de trabalho artístico e intelectual realizados; um contexto em que as presenças não hegemônicas (de pessoas negras, migrantes e trans, especialmente) parecem estar inscritas por dinâmicas extrativistas de tokenização, exclusão, trabalho não reconhecido e exploração, não basta às pessoas situadas em posições de privilégio social, ontológico e epistêmico que desejam reivindicar para si o papel de "aliadas" aprender a falar a linguagem dos antirracismos, da descolonialidade e, adicionalmente, dos movimentos trans. O trabalho político dessas pessoas deve, necessariamente, operar conforme um certo programa negativo, em que desaprender, desfazer, calar e boicotar deixam de ser mecanismos acionados contra pessoas negras e dissidentes em geral para converter-se numa espécie de ética autodestrutiva da qual o trabalho de aliança branca depende.

O fator condicionante desse trabalho é, precisamente, o reconhecimento de que as assimetrias entre posicionalidades não consiste numa falha da sociedade instituída, mas, mais precisamente, na matéria mesma de que tal sociedade é feita.

Isso significa que o problema da subalternidade não se resolve por meio de ajustes localizados na economia estruturalmente desigual do mundo como o conhecemos, mas, isto sim, pela abolição global do binário subalternidade-dominância. Em outras palavras, reposicionar os corpos, subjetividades e vidas subalternizadas fora da subalternidade é um projeto que só pode ser levado a cabo na medida em que reposicionamos também os corpos, subjetividades e vidas privilegiados fora da dominância. Dessa forma, as narrativas benevolentes da aliança branca — fórmulas como "dar espaço", "dar visibilidade", "dar voz", todas elas predicadas no desejo normativo de ajustar o mundo social — têm como limite mais evidente a incapacidade dessas mesmas narrativas em incorporar a dimensão negativa desse trabalho, ou seja: "perder espaço", "perder visibilidade", "perder voz".

A hipótese de "perder o mundo" é indutora de uma ansiedade profundamente enraizada nas subjetividades brancas, na medida em que o mundo como nos foi dado conhecer é, precisamente, a infraestrutura da vida branca. Lidar com essa ansiedade é, portanto, parte fundamental do trabalho das alianças brancas, sendo que isso frequentemente resulta em exploração do trabalho afetivo, político e intelectual de pessoas negras. Assim, quando uma pessoa branca diz "usar seu privilégio" para "dar voz" a uma pessoa negra, ela o diz na condição de que essa "voz dada" possa ser posteriormente metabolizada como valor sem com isso desmantelar a lógica de valorização do regime branco de distribuição das vozes. Isso se deve ao fato de que, segundo a economia política das alianças brancas, "dividir privilégio" é sempre, contraditoriamente, uma fórmula que visa à "multiplicação dos privilégios" e não à sua abolição como estrutura fundamental da reprodução de desigualdades.

No mundo da arte, essa lógica se manifesta objetivamente por meio da abertura de espaços, articulação de programas de performance e debate, financiados a partir do trabalho social das alianças brancas, mas com ênfase na produção negra. Trata-se de um movimento ambíguo, simultaneamente gerador de novos espaços de visibilidade e plataformas de escuta; e apropriador do trabalho e das potências especulativas negras como tema e matéria para a atualização do sistema de arte cujos modos de gestão estrutural e micropolítica seguem a inscrever-nos desigualmente. Todas que atravessamos esses circuitos, como artistas, curadoras, críticas, escritoras e agitadoras negras somos desmembradas por essa contradição, e em alguma medida nosso trabalho tem sido o de ocupar e demolir, num só movimento, habitando os escuros do mundo da supremacia branca para então estudá-los e adivinhar suas brechas, bordas, gatilhos, campos de explosão e implosão, linhas de fuga e *moonlights* para outras terras. Mas não quero que essa forma de narrar faça o processo parecer menos denso, porque materialmente o que esse trabalho engendra, como efeito de sujeição negra, tem também custos somaticopolíticos brutais.

Falo por mim, que, ao longo dos últimos anos, tenho circulado por cada vez mais espaços de arte hegemônicos sem que isso coincida efetivamente com quase nenhuma forma de acesso às infraestruturas que garantem, do ponto de vista material, emocional e simbólico, a vida das pessoas para quem esses espaços foram feitos — pessoas cis, brancas, hetero-e-homonormativas. Se meu acesso ao mundo da arte está sempre já condicionado à retórica das alianças brancas, em cuja matriz de valor minha posição de "bicha preta" está codificada como sendo portadora de um certo potencial ontoepistemológico e político, é justamente na medida em que eu reencarno a marca racial e seus efeitos radicalmente alienantes que meu trabalho se torna viável. Isso tem como efeito mais evidente a reinscrição de toda minha produção simbólica, conceitual e política no marco de uma tradição de trabalho negro cuja relação com o valor é sempre tensionada por dinâmicas de extração, objetificação e consumo do outro; e implica também que a condição de acesso a esses espaços seja meu consentimento a operar quase exclusivamente como emblema da minha própria posição, e não como pessoa.

Para manter o escopo crítico deste ensaio situado em Lisboa, onde tenho vivido nos últimos meses, gostaria de passar agora a um breve estudo de caso a respeito de uma iniciativa articulada aqui. Trata-se de um programa curatorial intitulado A Coisa Está Preta, assinado por um coletivo pretensamente feminista e pós-colonial português, o Pipi Colonial. Eu poderia me limitar à problemática dos nomes, tanto do programa quanto do coletivo, que por si só já evidenciam, tendo em vista os contextos em que foram gerados, um certo recurso à autoparodização das posições hegemônicas que só pode mesmo adquirir significado na medida em que produz continuidade, e não ruptura, com os efeitos e modos de perpetuação dessas posições.

Concordo com o que disse Grada Kilomba (na fala que fez no espaço Hangar a 3 de novembro de 2017) sobre a relação da ferida colonial com a subjetividade portuguesa contemporânea ser de uma profunda negação. Se monumentos como o Padrão dos Descobrimentos e a estátua de Vieira são evidências maciças dessa adesão coletiva a uma memorialização da colonialidade absolutamente desconectada da tradição de violência e crueldade que forma o núcleo desse processo, a ironia de um coletivo chamado Pipi Colonial não deixa de sê-lo também. A recuperação do termo "colonial" aqui não é menos inofensiva, embora seja definitivamente mais escorregadia. Falo de um coletivo majoritariamente formado por mulheres cis, europeias e brancas, amparadas por leituras teóricas em torno do pós-colonial/descolonial, do pensamento negro e do feminismo, supostamente autoconscientes, cujo trabalho se pretende a precisamente constituir alianças entre a sua branquitude e o pensamento feminista negro, entre a sua branquitude e o pensamento feminista descolonial. Entretanto, ao parodizar o colonial num contexto cuja branquitude tende a ser profundamente autoindulgente quanto à sua responsabilidade para com a produção e reprodução da ferida colonial, esse coletivo não só ocupa de forma desleixada o privilégio da própria posição, como cutuca uma ferida cuja extensão não está sequer evidente do ponto de vista da própria eurobranquitude de sua plataforma.

Também o recurso ao "Pipi", termo usado no contexto local como eufemismo de vagina, para inscrever um certo tipo de projeto feminista que depende da coincidência normativa entre vagina e feminilidade, o que por si só já define um escopo cisgênero fundamentalista (por reproduzir de forma descuidada o princípio de inexistência de masculinidades e feminilidades com anatomias diversas), evidencia desse coletivo um autocentramento tão radical que não pode coincidir com nenhuma forma de implicação afetiva e efetiva para com a complexidade e interseccionalidade das lutas que pretendem endereçar. Contudo o que me interessa destacar mais veementemente aqui — como forma de marcar uma norma e, concomitantemente, contra-atacá-la — é a relação desse coletivo com a produção intelectual descolonial e negra, tendo como emblema o texto de apresentação do projeto A Coisa Está Preta.

Cito apenas uma frase: "A produtividade conceptual do preto surge aqui como signo."

A produtividade conceitual do preto surge como signo da vida após a morte da escravidão, e isso significa a reprodução historicamente carregada de uma lógica anacrônica de valor que, entretanto, configura o presente e o futuro das políticas especulativas brancas — valor como aquilo que é roubado de nós. A aparição dessa formulação no texto de apresentação não deixa de ser a passagem de um fantasma colonial, que monta a cena para uma nova ordem de procedimentos extrativistas, estes de matriz cognitiva, ontoepistemológica, conceitual e simbólica: a produtividade conceitual do preto torna-se, aqui, matéria para a atualização deste mundo, do mesmo modo que o café, imposto como monocultura nos campos de plantação, serviu à atualização do mundo de que as autoras deste texto e desse projeto são herdeiras.

Afinal, isso é também sobre economia, e sobre o modo como a política das alianças brancas no mundo da arte tem implicado a manutenção de um sistema desigual de distribuição de recursos, que permite que pessoas brancas "esclarecidas" controlem as agendas do debate racial nesses campos, irrigando os imaginários coletivamente produzidos por meio do sistema de arte com base na sua ótica e na sua ética estreitadas pela adesão sempre parcial, e algo oportunista, ao projeto de abolição do mundo como o conhecemos. E isso fica especialmente evidente quando se trata de um programa curatorial em que não há sequer uma pessoa negra; e, adicionalmente, em que uma das atividades tem como subtítulo "carta branca para falar do preto".

Num certo sentido, o programa em questão é a caricatura de um processo difundido de formas muito mais discretas e capilares no mundo da arte contemporânea hoje. Talvez por isso ele apareça aqui como caso a ser estudado, pelo modo cru como evidencia uma prática e lógica que o excedem, como emblema de um processo que está difundido e cuja direção precisa ser desafiada por todos os lados, desde as bordas e desde dentro; do mesmo modo, parece-me que o exemplo desse coletivo, pelo fato de pretender-se uma plataforma de aliança com as lutas do feminismo negro e pós-colonial/descolonial desde a posição de mulheres cis brancas, oferece também condições para pensarmos com mais cuidado sobre os limites das alianças e também sobre os limites da apropriação do que as autoras chamam "produtividade conceitual do preto" por agrupamentos, instituições, iniciativas e perspectivas tão profundamente embasadas pelos privilégios da supremacia eurobranca.

O denso trabalho de articulação política de que dependem a luta continuada pela liberação negra e pela ruptura com a colonialidade como princípio de reprodução do mundo como o conhecemos precisa ser pensado enquanto ética abolicionista — criativa, sim, na forma como excita e conclama outros princípios relacionais e de mútua afetação entre diferentes posicionalidades, mas também destrutiva e demolidora das infraestruturas que recondicionam o mundo como cenário para a captividade negra e a perpetuação do lugar de fala branco (isto é, o universal) como referente dominante de um sistema de valor em relação ao qual nossas vidas negras só importam na medida em que são produtivas.

Esse texto, em seu mergulho nas linhas de força intersubjetivas e afetivas que condicionam as alianças negras com o mundo dos brancos, afirma inequivocamente uma certa epistemologia da desconfiança que não deve se confundir com a naturalização de uma separabilidade hiperdeterminada entre as posições. Assumo, por isso, o risco de tensionar muitas das bases materiais e emocionais da minha própria vida, como pessoa negra inscrita de forma contraditória nos circuitos de produção e reprodução do privilégio branco, pois, no limite, o que pretendi aqui não foi enrijecer cisões fundamentais, mas habitar o dilema incontornável de lidar com as desigualdades e assimetrias como princípios de constituição do mundo, e não como falhas situadas na matriz.

(Lisboa, nov. 2017)

−2. Para uma greve ontológica

> *We stuck in lala land*
> *Even when we win we gon' lose*
> [Estamos retidas em lala land
> Mesmo quando ganhamos, perdemos]
>
> JAY-Z

> *Living at the speed of light*
> *Like a bullet*
> *I could be dead by the morning*
> [Vivendo na velocidade da luz
> como uma bala
> eu poderia estar morta pela manhã]
>
> SONDER

Episódio 1: Morte lenta/Aceleração

Eu me lembro de trabalhar como se estivesse correndo. Eu sempre tive a impressão de que morreria de repente, acometida de uma forma qualquer de explosão interna ou arbitrariamente inscrita nas terríveis estatísticas de pessoas dissidentes sexuais e desobedientes de gênero racializadas que são alvejadas por bala ou esfaqueadas por nada no Brasil, assim como em várias outras partes do mundo. Eu me lembro de trabalhar como se estivesse correndo. Correndo rumo a uma ilusão de conforto e estabilidade, a tentar salvar-me de coisas das quais não posso ser salva. E eu também lembro de trabalhar como se eu pudesse alcançar a velocidade necessária para cruzar pontes ainda não erguidas; como se, correndo, eu pudesse existir entre mundos assimétricos.

O trabalho dentro do qual eu estava correndo, afinal, não é o tipo de trabalho que meu corpo é encorajado a fazer. O mundo da arte não é uma geografia na qual sou autorizada a simplesmente acessar, ainda que eu passe por lá, às vezes, correndo. Escrever, ler, traduzir, performar, criar, falar, pensar em voz alta contra a constante expectativa de falha e erro, contra toda a lógica social que institui a brancura e a cisgeneridade, bem como sua presunção de subjetividade autoestabelecida, como a mais confiável garantia de acesso aos mundos da arte e da intelectualidade. Eu poderia fazer dessa história uma excepcional narrativa sobre a luta de uma bicha preta por acesso a esses mundos, mas não estou particularmente interessada em retratar nenhuma trajetória rumo ao mundo da arte como heroica. Em vez disso, este texto almeja constituir uma descrição do mundo da arte como sendo uma ficção naturalizada feita para quebrar subjetividades pretas e indígenas na forma de valor roubado.

Eu quero falar quanto aos custos de tal jornada, uma vez que, no diagrama de dispositivos racializantes que representam meu corpo como sendo marcado por uma ferida, eu não existo em uma forma capaz de fazer essa jornada sem custos. Eu quero falar quanto aos modos como tendências contemporâneas de mercantilização exploram de maneira particular a presença de corpos trans e dissidentes sexuais pretos e indígenas dentro do mundo da arte. Em outras palavras, com este texto eu quero refletir sobre o valor produzido por nossas sensibilidades e o modo como ele é roubado de nós, fornecendo uma redefinição de valor na vida-após-a-morte do colonialismo e da escravidão como algo simultaneamente roubado de e produzido por nós. Para isso, seria necessário redescrever a cisgeneridade e a branquitude como formas de extorsão ontológica e repensar a integridade do sistema de arte contemporânea como um dispositivo irreparável voltado ao consumismo branco e cisgênero, e à exploração do outro.

Como parte da infraestrutura do mundo como o conhecemos, que é a infraestrutura da vida branca e cisgênera ela mesma, sistemas de arte não são separados dos dispositivos sociais que reproduzem a situação crítica das gentes desobedientes de gênero e dissidentes sexuais racializadas. Ao contrário, eles estão situados numa posição privilegiada, desde a qual é possível determinar (parcialmente, ao menos) os limites do que é pensável e imaginável num certo enquadramento de tempo. A emergência historicamente disruptiva de discursos, práticas e demandas antirracistas, queer/cuir, feministas e descoloniais a partir dos anos 1960, definitivamente mudou o horizonte representacional em relação ao qual as políticas da visibilidade se definem. Ainda assim, não é seguro ler esse processo como sendo linear ou transparente, especialmente se consideramos a elasticidade do capitalismo racial (isto é, a habilidade em reconfigurar os modos de apropriação do trabalho de comunidades racializadas contra essas mesmas comunidades), a onipresença de formas racializadas e genderizadas de aniquilação e as contradições internas às formas de distribuição da violência como elementos constitutivos desse processo.

Num certo sentido, o acesso a circuitos artísticos e intelectuais preocupados com as assim chamadas "políticas da diversidade" está predicado na nossa habilidade em reproduzir — até mesmo como posição crítica — a lógica por meio da qual somos marcadas. Isso significa que tornar-se uma trabalhadora cultural racializada e desobediente de gênero é um processo sempre já dinamizado pela reconstituição da racialidade como um design global inescapável, no sentido de que nossa presença está condicionada por uma demanda de auto-objetificação positiva, de acordo com a qual nós devemos sempre endereçar nossa desobediência sexual e de gênero, assim como nossa racialidade como o tema central de nossa expertise. Esse processo pode eventualmente dar-nos uma posição dentro do diagrama de privilégios que constitui sociedades racializadas, mas inevitavelmente também ressitua nossa posição no marco das lutas históricas contra a desigualdade que nos trouxeram até aqui, dada a nossa inscrição contingente em estruturas que foram primeiramente construídas contra nós, e que agora estão no processo de atualização para "incluir" desigualmente aquelas de nós que estiveram trabalhando como se corressem.

A estranha continuidade entre exaustão e imparabilidade opera aqui como um índice das cenas de sujeição que estão disponíveis às "outras" do mundo branco e cisgênero no contexto de cenários artísticos hegemônicos — especialmente se consideramos os modos como nossa vida ela mesma, incluínda sua hiperdeterminação por dinâmicas estruturais, tendem a tornar-se uma extensão do nosso trabalho. A imparabilidade (*unstoppability*) do trabalho trans racializado engendra seus produtos. Alimenta arquivos privados com mercadorias críticas; cria imagens, textos, ideias e sensações para o consumo de audiências brancas e ricas em circuitos artísticos; é apropriado por instituições como sinal de "responsabilidade social", "diversidade" e "inclusão".

É precisamente na intersecção entre o aparentemente ilimitado, supostamente desconstrutivo campo das mercadorias críticas, e a experiência sitiada (hiperdeterminada) de ser quebrada pelo mundo como o conhecemos que minha posição aqui se articula. Nem como oposição aos projetos de liberação do qual descendo, tampouco como contestação às tradições especulativas emergentes que estão proliferando junto à nossa presença nesses espaços. Este texto faz, mais bem, uma reconfrontação com a presumida estabilidade das narrativas de inclusão e sua dimensão pseudoemancipatória; é um exercício de suspeita radical que, no limite, busca preservar o espaço sideral de nossa imaginação radical do extrativismo amigável que caracteriza a mercantilização dos aparatos críticos desobedientes sexuais e de gênero racializados pelo sistema de arte.

Já agora, enquanto escrevo este texto — como uma trabalhadora cultural trans (não binária) e negra (de pele clara), ainda sem papéis, migrando desde uma ex-colônia rumo à Fortaleza Europa (*Fortress Europe*) —, eu me sinto tão movida pelo chamado feito por autoras como Denise Ferreira da Silva em direção à possibilidade de refigurar a negritude por meio de uma equação de valor que nos permitiria ir além do texto moderno e de suas gramáticas de morte e captura (e rumo a um outro mundo) quanto presa na fronteira da violenta socialidade que constrange as vidas dissidentes sexuais e desobedientes de gênero racializadas sob a força restritiva da determinação moderno-colonial. Ferida e criativa, produtiva e precária, igualmente apodrecida e triunfante em minha rota de fuga, doente de desespero, e ainda assim mais segura que aquelas para quem o acesso ao mundo da arte global e à Academia está bloqueado por economias de poder estruturais: eu não posso senão pensar que a condição para minha inclusão neste mundo é comprar morte lenta com aceleração.

Episódio 2: Ansiedade/Intuição

Quando Lauren Olamina, personagem central da série de Parábolas de Octavia Butler, com cerca de 15 anos e a viver com a família numa comunidade murada estadunidense em 2025, pressente o limite daquele modo de vida, em face do apocalipse em curso, o que dispara seu processo especulativo é a conjunção de episódios do presente: tiros e explosões que se ouvem para lá dos muros; as imagens que ela própria colheu, quando saiu do bairro com uma comitiva para uma atividade de reconhecimento de campo; o assassinato de uma criança com uma bala aleatoriamente disparada contra o portão da comunidade; os pedaços de notícia quanto à proliferação de uma nova droga que transforma a experiência sensorial de assistir a incêndios numa forma de prazer "mais excitante que sexo". É a atualização indefinida desses sinais que, na subjetividade sitiada de Olamina, propicia a formulação de uma futuridade ameaçada, perante a qual, no entanto — e essa é a formulação ética que eu quero aqui evidenciar —, não cabe esperar passivamente.

Deus é mudança [*God is change*] é a premissa fundamental da teologia experimental que Olamina está desenvolvendo, enquanto, expectante, prepara-se para o pior. A operação subjetiva performada por ela, situada que está pelo sentido de inevitabilidade da situação que prevê, faz coincidir seu mergulho cru na economia da ameaça com a articulação de uma densa textura especulativa, capaz de refundar um possível mesmo diante do diagrama mais saturado de impossibilidades. Moldar deus é moldar o destino: dobrar as condições, estudar o tempo, a coreografia das forças e operar sobre o destino como uma escultora que se sabe à partida aquém da matéria sobre a qual trabalha. Através dessa personagem, e ao longo de toda a série, Butler desenha a convergência de uma forma radicalmente propositiva de pessimismo com um otimismo à partida despojado de qualquer investimento na esperança.

O DSM,[1] que fornece a contenção textual de ansiedade enquanto patologia, define-a como "antecipação de ameaça futura". Em função dessa definição, a ameaça fundamental posta pela ansiedade seria a de ultrapassar o futuro, dada a intensiva materialização de uma futuridade pessimista na experiência do presente. Em outras palavras, o risco da antecipação na forma de ansiedade patologizada é precisamente a captura da intuição na cela da imaginação capturada, sua deterioração enquanto intuição liberada em nome da reprodução da economia da ameaça como forma última de futuridade social. Mas como poderia a intuição (como ansiedade) romper com tal captura, desmantelando o escopo da patologização, quando experimentada desde a situação interseccional das vidas desobedientes sexuais e de gênero racializadas — que estão sempre já inscritas por violência no marco da referida economia da ameaça? E, como isso redescreveria o risco e a dor inevitável de existir em um mundo que existe contra a nossa existência, sem circunscrever cada gesto antecipatório numa economia do desespero?

Assim, se a abordagem do tempo que Butler escreve para Olamina é profundamente dinamizada pelo que o DSM chama

---

[1]. Diagnostic and Statistical Manual of Mental Disorders — em português, Manual de Diagnóstico e Estatístico de Transtornos Mentais.

ansiedade, esta não pode ser circunscrita ao domínio atomizado do sujeito que a personagem encarna, como um problema do corpo individuado pela lógica da patologização. Em outras palavras, a ansiedade de Olamina está predicada numa forma contundente de engajamento social, como princípio de leitura realista e, sobretudo, como dispositivo que condiciona sua sobrevivência num período posteriormente apresentado como *The Apocalypse*, ou simplesmente *The Pox*. Isto mais do que fornecer uma versão transparente da ansiedade como forma insuspeitada de saúde, problematiza o dispositivo patológico ele mesmo (e, por extensão, o que quer que chamemos saúde), abrindo o código da doença contra as analíticas científicas hegemônicas que o modulam no sentido da reprodução do diagnóstico em detrimento da geração do improvável como matéria e força no corpo diagnosticado.

Neste ponto, é inevitável: como uma fúria no peito, uma urgência correndo através de minhas veias, como um espasmo perpétuo no músculo principal, ela virá e durará por agora e para sempre. Porque já está aqui: o instante imparável da ansiedade, o nó indissociável do desespero. Uma vez e outra, vibrando apesar da imobilidade. Como uma convulsão no mundo que é, também, uma convulsão do corpo, do corpo contra o mundo, do corpo contra o corpo ele mesmo, e do corpo contra o texto. É inevitável no sentido em que escrever sobre ansiedade com ansiedade é necessariamente uma forma de escrever além da ansiedade e contra o texto.

Esta tentativa de redescrever a ansiedade como um programa contingente à intuição, e consequentemente aos modos relacionais como mundo (com suas dinâmicas de poder e diagramas de força) e corpo (com seus ritmos, marcas e sensibilidades situadas) interagem, é inseparável da vibração ansiosa que me atravessa. Não escrevo, contudo, para tentar me salvar da ansiedade. Antes, escrevo para livrar a ansiedade de mim, liberá-la da circunscrição demasiado histórica, demasiado posicional da minha subjetividade, para só então liberar as sensibilidades que me atravessam do registro demasiado formal, demasiado normativo da patologia, fazendo delas poro e superfície de contágio para a ansiedade como intuição voltada para o limite do mundo, ou melhor dizendo: limite da situação-problema tentativamente articulada ao longo deste ensaio, que não é propriamente a opressão contra dissidentes racializadas, mas aquilo de que esses sistemas de opressão dependem: a inscrição arbitrária e cruel da dissidência sexual, da desobediência de gênero e da racialidade como ontologias, e não como forças.

Episódio 3: Fim do mundo/Transição

Em agosto voltei ao Brasil para uma temporada de vinte dias, em que um dos trabalhos que me competia fazer era uma conferência pública no Rio de Janeiro. Cheguei ao espaço pouco antes de a fala começar, e a sala já estava cheia. Eu não me sentia bem. Os pensamentos vagavam por mim, sem tomar forma, perdendo-se amiúde num espaço qualquer entre a voz e o impulso. Era uma imobilidade dorida. Falar foi difícil, mas aquele era o meu trabalho. Comecei pedindo licença para gaguejar. Entretanto, houve momentos de gagueira bastante lúcidos, em especial um que me marcou intensamente. Quando, já próximo ao final da conferência, ao tentar provocar uma crítica à noção estandardizada de fluidez de gênero que certas apropriações do cânone queer no contexto sul-americano parecem reproduzir, eu consegui apenas dizer qualquer coisa como: "O problema conceitual da noção de fluidez de gênero num contexto de precariedade generalizada... é que... meu gênero... meu gênero não flui... como pode?"

Poucos dias antes daquela conferência, pela primeira vez, eu havia enunciado, num contexto social mais ou menos íntimo, a um grupo grande e irregular de pessoas, durante uma festa, a travessia encorpada, afetiva e sensorial em que tenho insistido como programa simultaneamente autodestrutivo e de invenção. Poucos dias antes daquela declaração gaguejante quanto à não fluidez do meu gênero num mundo contra o qual eu me debato, eu falava sem conter a língua sobre estar em transição. Transição. Embora consiga desenhar o marco de onde ela parte, como movimento fugitivo — da masculinidade compulsória como projeto arbitrário de inscrição do fundamentalismo cisgênero sobre meu corpo e, logo, do projeto moderno-colonial-racial de humano —, sigo sem coordenadas quanto a que isso me leva — e assim vou aos tropeços, abrindo a textura da minha voz à gagueira como política da enunciação.

Assim como descolonizar, é possível que em toda transição haja, mais ou menos implícita, a demanda por um fim de mundo, sem que isso signifique, senão como promessa, a garantia de um mundo a seguir. Articular essa dimensão negativa, propriamente abolicionista, de todo processo que se precipita sobre e contra o mundo como nos foi dado conhecer, é parte do necessário trabalho de cuidado que esses processos ensejam. Cuidar, aqui, não tem uma função reparativa, pois designa, mais diretamente, um trabalho sobre o limite, para o limite, e contra qualquer ideia de cura como retorno e restituição de coesão ao corpo social. É possível que fazer transição, assim como descolonizar, demande uma forma de cuidado que seja solvente, isto é: que faça a mediação das coisas que deterioram, acompanhe a duração da ruína, adense a rachadura do horizonte e faça assentar em lava o mundo de sentidos, fórmulas, figuras e obras do poder que toda transição, assim como toda descolonização, demanda que queime.

Não se trata de uma apologia da destruição, nem meramente de uma poética da "destruição criativa", mas da formulação tentativa e arriscada de uma abertura que comporte o que está aquém de toda fórmula, e cuja passagem implica um trabalho contra o trabalho do mundo, um trabalho contra as obras do poder que não consiste em simplesmente destruí-las para recriá-las de outra forma ou noutro lugar. Mais precisamente, falo em criar formas continuadas de destruição, como programa denso de refundação de toda a superfície do sentido. Pensar a transição e a descolonização em chave abolicionista implica pensar esse efeito e deslocar, de maneira contingente, a questão quanto a tornar-se, abrindo espaço para questões inteiramente outras, como: "Como desfazer o que me tornam" e, ainda, "como desmontar o imperativo de ser."

Quando pensada em paralelo com as questões que abrem este ensaio, quanto à imparabilidade do trabalho cuir e negro, e a reprodução do regime ontoepistemológico em que só nossas marcas podem nos dar consistência enquanto pessoas, esse cuidado negativo adquire conotações políticas, pois interage estrategicamente com espaços, situações e contextos que solicitam, muito contundentemente, que ocupemos nossas situações-problema ontológicas (*ontological predicaments*) como condição para lutarmos contra os efeitos brutalizantes de poder que deles se desdobram. Isso implica que, mesmo quando parecemos ter, no marco deste mundo, as ferramentas para interromper os ciclos de opressão e violência que nos inscrevem, estas, em vez de abrir espaço para outras emergências afetivas, sensoriais, cognitivas, encarnadas e epistemológicas, devolvem-nos indefinidamente ao mesmo mundo — à mesma situação-problema, com outra forma de posição.

Como, então, cuidar dos processos destrutivos, sem pará-los em nome dos ideais de saúde, progresso, moralidade, normalidade e civilização que constituem a base do texto colonial?

Como cuidar dos processos destrutivos que destituem o humano de seu pódio, como condição para desmontar o racial como descritor hierárquico? Como criar as condições para uma destruição sempre mais consistente dos mecanismos que dão peso e densidade ao fundamentalismo cisgênero, com sua máquina patológica a capturar e reinscrever tudo que escapa à norma como condição de emergência do normal? Finalmente, como integrar tais processos no aparato dinâmico e intensivo de preservação dos germes das gentes ainda sem nome na carne das gentes cujo nome foi negado; como fazer implicar, em cada transição que se anuncia, a ancestralidade das gentes cuja terra foi roubada, como pólen e semente das gentes cuja terra ainda há de ser feita?

−3. Rumo a uma redistribuição desobediente de gênero e anticolonial da violência

> "Só porque não há uma guerra não significa que haja paz."
>
> MÍSTICA EM *X-MEN APOCALIPSE* (2016)

Cena 1: Quem policia a polícia?

C. morreu asfixiada no porta-malas de uma viatura da Polícia Militar de São Paulo. A narrativa oficial é a de que ela teria entrado lá por vontade própria, na intenção de roubar algo e acabara morta. Segundo um portal de notícias online, a viatura foi reparada, limpa e voltou às ruas em poucos dias. Ninguém foi responsabilizado exceto C., de 19 anos de idade, que morreu asfixiada e tinha o rosto roxo e as mãos sujas de sangue quando a encontraram na traseira da viatura militar.

Um boletim de ocorrência foi feito contra ela.

A polícia no Brasil é uma das únicas facções criminosas que é responsável pela investigação de seus próprios crimes.

Cena 2: O que é um crime?

Vera Malaguti descreve as fantasias absolutistas de controle social da polícia no período posterior à abolição formal da escravidão no Brasil para desdobrar daí uma percepção mais aguçada do sistema de justiça criminal hoje. É sobretudo no controle sistêmico do trânsito de pessoas africanas livres e afrodescendentes que a polícia vai passar a operar como braço do projeto colonial em sua versão moderna, garantindo a segurança das elites brancas e mestiças e o terror das comunidades empobrecidas e racializadas. O racismo contra pessoas pretas e pobres está, portanto, no DNA das polícias e das redes de controle e extermínio que se articulam em torno delas. Mas não teria sido necessário ouvir uma acadêmica branca para dar-se conta disso. Não é de hoje que movimentos políticos como Mães de Maio e Reaja ou Será Morta(o), assim como uma série de vozes implicadas nos ativismos e organizações comunitárias pretas, produzem conteúdo, denúncia e articulação para visibilizar o papel efetivo desses genocídios racistas e classistas nas gramáticas da dominação à brasileira.

A presença do racismo como fantasia colonial indeterminadamente atualizada no marco do colapso da colônia está exposta como ferida na paisagem das cidades, na densidade dos muros, cercas e fronteiras. Está exposta também na coreografia das carnes, na intensidade dos cortes e na ancestralidade das cicatrizes. E tudo isso está bastante evidente, ainda que mascarado; está latente em toda emoção possível de forjar-se perante esse regime. Mesmo quando as máquinas de fazer desperceber conflitos e desigualdades estruturantes projetam — sempre arbitrariamente — verdades cuja promessa é a de serem neutras, justas e universalmente aplicáveis, transcendentes, legais, modernas, sobre o que significa ser um criminoso; o que é segurança; quanto vale para este mundo a indústria do punitivismo; que marcadores sociais desenham os gráficos do extermínio sistemático, continuado e neocolonial; por que há vidas matáveis; que corpos adornam os projetos de futuro; quem são os sujeitos da história; o que é catástrofe, golpe, crise, extinção...?

Afinal, o que é um crime, quando o próprio modo de funcionamento da justiça se faz inseparável de um projeto de atualização perpétua da injustiça como fantasia de controle? O que é um crime, quando tudo o que se entende sob o guarda-chuva da normalidade e legalidade não cessa de reinscrever a presença da morte como expectativa de vida de comunidades inteiras, de gentes daqui e de toda a terra, humanas e não humanas?

Cena 3: Ficções de poder e o poder das ficções

O poder opera por ficções, que não são apenas textuais, mas estão materialmente engajadas na produção do mundo. As ficções de poder proliferam junto a seus efeitos, numa marcha fúnebre celebrada como avanço, progresso ou destino incontornáveis.

O monopólio da violência é uma ficção de poder baseada na promessa de que é possível forjar uma posição neutra desde a qual medeiam-se os conflitos. O sistema de justiça, produzido pela mentalidade moderno-colonial como sistema de polícia, visa neutralizar os conflitos sociais, administrando todas as tensões no limite de uma rede muito pequena de instituições e mitos representados como neutros pelas narrativas hegemônicas. Além de uma ficção de poder, a neutralidade do sistema de justiça — que torna moral e politicamente plausível o monopólio da violência — é um mecanismo de alienação dos conflitos, que isola as pessoas neles implicadas dos seus processos de resolução. A frase "vamos resolver isso na justiça" está, portanto, sitiada, uma vez que evoca estritamente a ficção de poder do sistema de justiça moderno-colonial, desarticulando dessa maneira todas as outras ficções de justiça que poderiam vir a ser conjuradas a partir dessa afirmação.

A ficção científica é uma das linhas de tensão entre as ficções de poder e o poder visionário das ficções. Se consideramos o eixo especulativo canônico, difundido pela literatura, pelo cinema e pela arte euro-estadunidense em geral, majoritariamente formulado desde as posições de homem, branco, cisgênero e heterossexual, é comum que nos vejamos presas à circularidade do poder, numa espiral distópica capaz de mover-se apenas do controle rumo ao maior controle. Autores e histórias aparentemente críticas da sociedade disciplinar e de controle podem, contraditoriamente, operar na atualização dos sistemas contra os quais escrevem. O trabalho incessante de revelar o maquinário do poder, projetando-o no futuro ou no domínio fantástico, coincide aí com a tarefa ingrata de produzir essas máquinas, imaginando-as como entidades inescapáveis. O poder insuspeitado das ficções é o de ser cimento do mundo, porque, como propõem pensar as coeditoras do livro *Octavia's Brood*, Walidah Imarisha e adrienne maree brown, "não podemos construir o que não podemos imaginar", de modo que tudo o que está construído precisou, antes, ser imaginado. E aí reside o poder das ficções.

Não é, portanto, a dimensão ficcional do poder que me interessa confrontar. São mais bem as ficções de poder específicas e os sistemas de valores que operam no feitio deste mundo e seus modos de atualização dominantes. Nessa chave, o monopólio da violência tem como premissa gerenciar não apenas o acesso às técnicas, às máquinas e aos dispositivos com que se performa a violência legítima, mas também as técnicas, as máquinas e aos dispositivos com que se escreve a violência, os limites de sua definição. Esses dois processos de controle se implicam mutuamente e dão forma a uma guerra permanente contra as imaginações visionárias e divergentes — isto é: contra a habilidade de pressentir, no cativeiro, que aparência têm os mundos em que os cativeiros já não nos comprimem. Liberar o poder das ficções do domínio totalizante das ficções de poder é parte de um processo denso de rearticulação perante as violências sistêmicas, que requer um trabalho continuado de reimaginação do mundo e das formas de conhecê-lo, e implica também tornar-se capaz de conceber resistências e linhas de fuga que sigam deformando os modos do poder através do tempo.

Cena 4: O Estado molecular

O Estado, assim como as polícias, movem-se com e pelo desejo. Quando o movimento LGBTIA+ brasileiro luta pela criminalização da homofobia, ele está lutando, no limite, por esse desejo. O desejo de ser protegido pela polícia e neutralizado pelo Estado não importa a que preço. Não se considera, por exemplo, a dimensão racista estruturante do sistema prisional, cujo maior alvo segue sendo as pessoas pretas e empobrecidas, inclusive aquelas cujas posições de gênero e sexualidade poderiam ser compreendidas no espectro LGBT. A aposta nessas estruturas normativas como fonte de conforto e segurança para as comunidades agrupadas em torno da sigla LGBTIA+ é um sinal evidente da falta de imaginação política interseccional desses ativismos, que estão limitados a lutar no interior do projeto de mundo do qual temos sido reiteradamente excluídas.

O Estado tem dimensões imensas, mas opera através de suas moléculas. Durante vários anos, parte dos movimentos feministas brasileiros lutou pela Lei Maria da Penha, que tipifica a violência doméstica contra mulheres e implementa um tratamento mais rigoroso para com aqueles que cometem esse tipo de crime. Em 2006, o projeto virou lei. Em 2013, a taxa de crimes contra mulheres em espaços domésticos era já 12,5% maior que em 2006. A lei não pôde conter a violência porque forneceu uma solução transcendental para um problema imanente. Apesar de sua dimensão institucional, a violência contra as mulheres, assim como contra corpos desobedientes de gênero e dissidentes sexuais em geral, está enraizada numa política do desejo que opera aquém da lei. Por isso, ao chamar a polícia para intervir em situações de violência sexista e/ou transfóbica--homofóbica-lesbofóbica-etc., é comum que eles ajam em favor do agressor, pois o que organiza as ações da polícia não é a lei, mas o desejo — que é, nesse caso, desejo de perpetuação desse sistema que garante o direito de gerir e performar a violência não apenas ao Estado, mas também ao homem cisgênero.

A masculinidade tóxica como projeto de poder deve ser abordada em qualquer discussão sobre a distribuição social da violência. A violência cismasculina é uma arma transversal de normalização de gênero e controle social. Ela afeta não apenas mulheres cis e corpos não heterossexuais e trans, mas também os próprios homens cisgêneros que têm de alcançar esses graus ideais de virilidade a fim de cumprir com aquilo que a normalidade de gênero requer. Entretanto, essa distribuição desigual da violência — que constrói corpos cismasculinos como intrinsecamente viris — é responsável, numa escala micropolítica, pela manutenção do medo como base das experiências trans, dissidente sexual e feminina para com o mundo.

A coletiva paraibana Eké — Candomblé Sound System, numa de suas composições, relata uma experiência que habita o imaginário de bichas, sapatonas, travestis e outras criaturas no espectro radical das desobediências de gênero e dissidências sexuais quanto à possibilidade de agressão no espaço público. A letra diz:

> *Praça da Alegria*
> *Uma bicha, oito machos*
> *Praça da Alegria*
> *Uma bicha, oito machos*
>
> *Voltar pra casa*
> *unha pintada*
> *short de oncinha*
> *brinco na orelha*
> *lápis no olho*
> *uma bicha, oito machos*
>
> *Paulada*
> *pedrada*
> *caco de vidro*
> *paulada*
> *tijolada*
> *pedrada*
> *empurra, empurra*

machulência
machulência

Uma bicha, oito machos
repletos de ódio
contra bichas
viadinhos
sapatonas
caminhoneiras
travestis
mulheres trans
homens trans
mulheres cis
o macho que bate em nós é o mesmo
o macho que bate em nós é o mesmo

Ao ouvir essa letra, alguém pode certamente objetar que ela reproduz uma imagem essencializada do homem cis, e que isso deve ser problematizado com vista aos avanços dos debates em torno de gênero e sexualidade. Essa crítica — embora possa vir a ser embasada — me parece ao mesmo tempo lançar uma cortina de fumaça sobre aquilo que a letra de Eké visa expor: a machulência (um dos nomes da masculinidade tóxica) como ficção de poder. "O macho que bate em nós é o mesmo" porque a figura do macho, como ferramenta de normalização social, garante às posições de homem cisgênero o acesso à violência legítima — que já não deve ser compreendida, aqui, como violência legal, mas como violência pensável e plausível dentro do sistema de distribuição da violência no qual estamos metidas.

Cena 5: Pura violência como design global

Algumas semanas atrás, um vídeo vinha sendo compartilhado através da minha rede do Facebook. Nele, uma travesti sangrava no chão de um hospital público depois de ter sido esfaqueada. Ela estava gritando: "Por favor, não me deixe morrer agora." Ninguém a socorria. Em vez disso, uma outra mulher (cis) lhe batia na cara enquanto alguém filmava tudo com uma câmera de vídeo. Espancamentos públicos, omissão médica, espetacularização das mortes, naturalização da extinção social, genocídios, processos de exclusão e violência sistêmica formam parte da vida diária de muitas pessoas trans, assim como sapatonas, bichas e outras corpas dissidentes sexuais e desobedientes de gênero, especialmente as racializadas e empobrecidas. Todas essas formas de violência e brutalização são de fato parte de um design global, que visa definir o que significa ser violento, quem tem o poder para sê-lo e contra que tipos de corpo a violência pode ser exercida sem prejuízo para a normalidade social. No marco desse design global, a violência é gerida para ser mortal para muitos e lucrativa e/ou prazerosa para uns poucos. No marco desse design global, a violência cumpre um programa e opera em favor de um projeto de poder anexado à heteronormatividade, à cissupremacia, ao neocolonialismo, ao racismo, ao sexismo e à supremacia branca como regimes de exceção.

Da minha própria perspectiva, como uma bicha racializada, gorda e não binária, oriunda da periferia do Nordeste brasileiro, é impossível negar o impacto dessa distribuição da violência como ameaça na minha vida diária. Simplesmente andar pelas ruas pode ser um ato difícil quando suas roupas são consideradas "inapropriadas" e sua presença mesma é lida como ofensiva apenas pelo modo como você age e aparenta. O risco de tornar-se parte das horríveis estatísticas de violência antibicha (e antitrans, antinordestina, antipreta etc.) é uma constante e não é justo que somente nós — que assumimos como ética da existência a desobediência à normalidade social ou que simplesmente estamos mal posicionadas no ranking dos "direitos humanos dos humanos direitos" — tenhamos de lidar com esse risco. Redistribuição da violência é uma demanda prática quando estamos morrendo sozinhas e sem nenhum tipo de reparação, seja do Estado, seja da sociedade organizada. Redistribuição da violência é um projeto de justiça social em pleno estado de emergência e deve ser performada por aquelas para quem a paz nunca foi uma opção.

Cena 6: Redistribuição da violência

A premissa básica desta proposta é a de que a violência é socialmente distribuída, que não há nada de anômalo no modo como ela intervém na sociedade. É tudo parte de um projeto de mundo, de uma política de extermínio e normalização, orientada por princípios de diferenciação racistas, sexistas, classistas, cissupremacistas e heteronormativas, para dizer o mínimo. Redistribuir a violência, nesse contexto, é um gesto de confronto, mas também de autocuidado. Não tem nada a ver com declarar guerra. Trata-se de afiar a lâmina para habitar uma guerra que foi declarada à nossa revelia, uma guerra estruturante da paz deste mundo e feita contra nós. Afinal, essas cartografias necropolíticas do terror nas quais somos capturadas são a condição mesma da segurança (privada, social e ontológica) da ínfima parcela de pessoas com *status* plenamente humano do mundo.

6.1. Nomear a norma

Escrevo agora para os brancos — para os homens brancos, bem como para todas as gentes brancas — cuja brancura é menos uma cor e mais um modo de perceber a si e organizar a vida, uma inscrição particularmente privilegiada na história do poder e uma forma de presença no mundo: nós vamos nos infiltrar em seus sonhos e perturbar seu equilíbrio.

Às pessoas heterossexuais, cuja heterossexualidade é contínua ao regime político de homogeneização sexual, extermínio dos desejos subnormais e genocídio das corporalidades desviantes, eu gostaria de dizer: nós vamos penetrar suas famílias, bagunçar suas genealogias e dar cabo de suas ficções de linhagem.

Para cada pessoa cisgênera que olha a si e se vê como norma, e assim olha o mundo e o vê como espelho, deixo o seguinte recado: nós vamos desnaturalizar sua natureza, quebrar todas as suas réguas e hackear sua informática da dominação.

E, finalmente, dirijo-me a todos os ricos, a todas as gentes cuja posição de classe garante acessos privilegiados a confortos, comidas, conhecimentos, possibilidades e estruturas de reprodução da injustiça e desigualdade econômica como paradigma de organização social: vamos invadir suas casas, incendiar seus automóveis, apedrejar seus shopping centers e suas agências bancárias, praguejar contra sua polícia, amaldiçoar sua segurança, esvaziar sua geladeira e escarnecer de suas ilusões de conforto ontológico.

Nomear a norma é o primeiro passo rumo a uma redistribuição desobediente de gênero e anticolonial da violência, porque a norma é o que não se nomeia, e nisso consiste seu privilégio. A não marcação é o que garante às posições privilegiadas (normativas) seu princípio de não questionamento, isto é: seu conforto ontológico, sua habilidade de perceber a si como norma e ao mundo como espelho. Em oposição a isso, "o outro" — diagrama de imagens de alteridade que conformam as margens dos projetos identitários dos "sujeitos normais" — é hipermarcado, incessantemente traduzido pelas analíticas do poder e da racialidade, simultaneamente invisível como sujeito e exposto enquanto objeto. Nomear a norma é devolver essa interpelação e obrigar o normal a confrontar-se consigo próprio, expor os regimes que o sustentam, bagunçar a lógica de seu privilégio, intensificar suas crises e desmontar sua ontologia dominante e controladora.

6.2. Fantasias de violência afeminada

Um dos efeitos do monopólio da violência, como tentei demonstrar anteriormente, é não apenas o controle efetivo sobre o acesso às técnicas, ferramentas e a dispositivos para performá-la, mas também o controle sobre os limites de sua definição — que implica, por exemplo, a representação das revistas constrangedoras e racistas da polícia (baculejos) como questão de segurança e das críticas contundentes de pessoas negras quanto ao racismo institucional e velado da branquitude no Brasil como agressividade — e, para além disso, sobre os limites do pensável em termos de violência. Desse modo, é absolutamente comum que sejamos bombardeadas com imagens e narrativas de violência performada por homens cis, bem como muitos dos processos sociais de elaboração da masculinidade passam por um aprendizado de virilidade que tende a confundir-se com o monopólio da violência, tornando não só imaginável, como também plausível, que a violência pensável seja sempre elaborada desde essa posição.

Em função disso, a simples evocação imaginativa de outras formas de violência tem já um efeito disruptivo sobre essa gramática que visa garantir a estabilidade da representação da violência masculina a partir de um paralelo negativo com as posições afeminadas — de mulheres cis, bichas, travestis e outras corporalidades marcadas como femininas e representadas como necessariamente frágeis e passivas frente à violência.

Em junho de 2013, eu lancei — sob o nome de MC Katrina — uma música chamada "Eu sou passiva, mas meto bala", direcionada aos pastores e fiéis evangélicos cuja prática religiosa implica diretamente a reprodução de movimentos de ódio e controle de vidas não obedientes à estrita moral proclamada por suas religiões. De quebra, a música também propõe uma representação divergente da violência, centrada na ideia de que uma bicha passiva pode e, de fato, resiste às interpelações e investidas violentas da cis-heteronormatividade. Na época, o deputado-pastor Marco Feliciano havia posto em pauta o projeto da Cura Gay, ao qual MC Katrina responde:

Infeliciano
diz que bichice tem cura
mas se vier me curar
ele é quem vai tomar uma curra

sou passiva
violenta
tô armada
e meto bala
essa é uma declaração de guerra das bichas do terceiro mundo

Na sequência dessa estrofe, entra um sampler de Pêdra Costa declamando a frase das Ludditas Sexxxuales, "*Si no podemos ser violentas, no es nuestra revolución*". Se não pudermos ser violentas, não seremos capazes de desfazer as prisões e os limites impostos à nossa experiência por efeito da distribuição social heteronormativa, branca, sexista e cissupremacista da violência. Se não pudermos ser violentas, nossas comunidades estarão fadadas ao assalto reiterado de nossas forças, saúdes, liberdades e potências. Se não pudermos ser violentas, seguiremos assombradas pela política do medo instituída como norma contra nós. Se não pudermos ser violentas, concentraremos em nossos corpos, afetos e coletividades o peso mortífero da violência normalizadora. E para aprendermos a performar nossa violência, precisaremos também ser capazes de imaginá-la e de povoá-la com fantasias visionárias que rejeitem o modo como as coisas são e ousem conjurar, aqui e agora, uma presença que seja capaz de bater de volta em nossos agressores, matar nossos assassinos e escapar com vida para refazer o mundo.

6.3. Treinamentos em autodefesa

Há muitas formas de treinar e de pensar autodefesa. Num primeiro plano, há o treinamento físico e seus impactos sobre o corpo, mas nem todos os corpos treinam da mesma maneira. É preciso, nesse processo de reapropriação subalterna das técnicas de violência, saber reconhecer os modos como cada corpo elabora sua capacidade de autodefesa. Parte desse trabalho consiste, portanto, numa mudança radical de percepção.

Somos ensinadas a não reagir à violência que nos interpela ao mesmo tempo em que somos bombardeadas por ameaças e narrativas de brutalidade contra nós. Nesse sentido, o projeto de redistribuição da violência depende de acreditarmos na nossa capacidade de autodefesa e, a partir disso, mudarmos nossa postura perante o mundo. É fundamental que abandonemos a posição de vítima — mesmo quando o Estado, a polícia, o branco e o homem cis têm historicamente demonstrado sua incapacidade de abandonar a posição de agressor. Não há saída senão aceitar de uma vez por todas que fomos inscritas numa guerra aberta contra a nossa existência e a única forma de sobreviver a ela é lutar ativamente pela vida.

Sim, somos potencialmente frágeis, mas isso não deve ser compreendido como uma incapacidade ou inaptidão para autodefesa. Aprender a defender-se requer a elaboração de outras formas de perceber a própria fragilidade. Há estratégias, técnicas e ferramentas que somente uma corporalidade e uma subjetividade capazes de habitar a fragilidade conseguem desenvolver. Autodefesa não é só sobre bater de volta, mas também sobre perceber os próprios limites e desenvolver táticas de fuga, para quando fugir for necessário. É também sobre aprender a ler as coreografias da violência e estudar modos de intervir nelas. É sobre furar o medo e lidar com a condição incontornável de não ter a paz como opção.

6.4. Redistribuição da violência como autocuidado

Que tipos de ética devemos elaborar para abraçar nossa própria violência sem com isso reestruturar o design global de pura violência contra o qual nos mobilizamos? Que modalidades de cuidado político devemos gerar a fim de sanar as feridas que a violência (contra nós e a nossa própria) produz em nós mesmas? Perguntas como essas não se separam do processo político de redistribuição da violência, afinal não se trata de clamar por um mero cultivo da força que replique a ignorância perante a própria fragilidade que caracteriza as performances e ficções de poder hegemônicas.

Tampouco se trata de uma ideia fixa de justiçamento, que parta sempre dos mesmos pressupostos e esteja calcada numa suposta estabilidade dos conflitos e, portanto, das respostas políticas que damos a eles. A redistribuição da violência — para que não seja confundida com um projeto de generalização da violência — deve estar comprometida com uma ética que pense a justiça como entidade mutante, contextual e provisória, e aceite de antemão que não há resposta segura perante conflitos e questões tão paradoxais, complexas e improváveis como as com que lidamos.

Ninguém passa incólume pela violência, e todas nós que fomos violentadas e injustiçadas ao longo da vida sabemos bem disso. A violência cria marcas, implica vidas, ela não é nunca um evento simples, é sempre complexa, multidimensional, e por isso requer cuidado. Desse modo, para que não se confundam com um embrutecimento, é preciso articular os processos de redistribuição da violência com outras formas de cuidado, partindo do princípio de que é tão fundamental abraçar a própria violência quanto tornar-se responsável por ela.

Cena 7: O fim do mundo como o conhecemos

Na primeira parte do livro *Os condenados da terra*, Fanon afirma que a descolonização é um projeto de desordem total, uma vez que tem como horizonte radical a destruição de todos os regimes, estruturas e efeitos políticos instaurados pela colonização. Não se trata de encontrar um consenso, ajustar o mundo e conformar a diferença colonial num arranjo pacífico. A situação colonial não permite conciliação, porque é sempre já assimétrica; ela se funda na violência do colonizador contra as gentes colonizadas e se sustenta no estabelecimento e na manutenção de uma hierarquia fundamental perante a qual a colonizada pode apenas existir aquém do colonizador. Não há negociação ou reforma possível, portanto. A luta da descolonização é sempre uma luta pela abolição do ponto de vista do colonizador e, consequentemente, é uma luta pelo fim do mundo — o fim de um mundo. Fim do mundo como o conhecemos. Como nos foi dado conhecer — mundo devastado pela destruição criativa do capitalismo, ordenado pela supremacia branca, normalizado pela cisgeneridade como ideal regulatório, reproduzido pela heteronormatividade, governado pelo ideal machista de silenciamento das mulheres e do feminino e atualizado pela colonialidade do poder; mundo da razão controladora, da distribuição desigual da violência, do genocídio sistemático de populações racializadas, empobrecidas, indígenas, trans e de outras tantas.

O apocalipse deste mundo parece ser, a esta altura, a única demanda política razoável. Contudo é preciso separá-la da ansiedade quanto à possibilidade de prever o que há de sucedê-lo. É certo que, se há um mundo por vir, ele está em disputa agora, no entanto é preciso resistir ao desejo controlador de projetar, desde a ruína deste, aquilo que pode vir a ser o mundo que vem. Isso não significa abdicar da responsabilidade de imaginar e conjurar forças que habitem essa disputa e sejam capazes de cruzar o apocalipse rumo à terra incógnita do futuro, pelo contrário: resistir ao desejo projetivo é uma aposta na possibilidade de escapar à captura de nossa imaginação visionária pelas forças reativas do mundo contra o qual lutamos. Recusar-se a oferecer alternativas não é, portanto, uma recusa à imaginação, mas um gesto na luta para fazer da imaginação não uma via para o recentramento do homem e a reestruturação do poder universalizador, mas uma força descolonial que libere o mundo por vir das armadilhas do mundo por acabar.

Posfácio: Isto aqui é uma barricada!

Não há solução. A redistribuição da violência não é capaz de parar a máquina mortífera que são as polícias, as masculinidades tóxicas e todas as ficções de poder. É apenas uma (das muitas) maneira(s) de lidar com o problema sem neutralizá-lo. A redistribuição da violência não é capaz de vingar as mortes, redimir os sofrimentos, virar o jogo e mudar o mundo. Não há salvação. Isto aqui é uma barricada! Não uma bíblia.

−4. Notas estratégicas quanto aos usos políticos do conceito de lugar de fala

1. Muito se discute sobre como esse conceito tem sido apropriado de modo a conceder, ou não, autoridade para que se fale com base nas posições e marcas políticas que um determinado corpo ocupa num mundo organizado por formas desiguais de distribuição das violências e dos acessos. O que as críticas que vão por essa via aparentemente não reconhecem é o fato de que há uma política (e uma polícia) da autorização discursiva que antecede a quebra promovida pelos ativismos do lugar de fala. Quero dizer: não são os ativismos do lugar de fala que instituem o regime de autorização, pelo contrário. Os regimes de autorização discursiva estão instituídos contra esses ativismos, de modo que o gesto político de convidar um homem cis eurobranco a calar-se para pensar melhor antes de falar introduz, na realidade, uma ruptura no regime de autorizações vigente. Se o conceito de lugar de fala se converte numa ferramenta de interrupção de vozes hegemônicas, é porque ele está sendo operado em favor da possibilidade de emergências de vozes historicamente interrompidas. Assim, quando os ativismos do

lugar de fala desautorizam, eles estão, em última instância, desautorizando a matriz de autoridade que construiu o mundo como evento epistemicida; e estão também desautorizando a ficção segundo a qual partimos todas de uma posição comum de acesso à fala e à escuta.

2. Portanto, a discussão não é sobre "quem", mas sobre "como". No limite, o que vem sendo desautorizado pelos ativismos do lugar de fala é um certo modo privilegiado de enunciar verdades, uma forma particularizada pelos privilégios epistêmicos da branquitude e da cisgeneridade de se comunicar e de estabelecer regimes de inteligibilidade, falabilidade e escuta política. Não é que brancos não possam falar de racismo, ou que pessoas cis não possam falar de transfobia, é que elas não poderão falar como pessoas cis brancas, isto é: como sujeitos construídos conforme uma matriz de produção de subjetividade que sanciona a ignorância, sacraliza o direito à fala, secundariza o trabalho da escuta e naturaliza a própria autoridade. Isso significa também o fato paradoxal de que eles não poderão falar como se não fossem cis e brancos, isto é: apagando as marcas da própria racialidade e conformidade de gênero, a fim de agir como se os privilégios da branquitude e da cisgeneridade não fossem coextensivos aos sistemas de opressão das vidas e vozes não brancas e trans.

3. Também tem sido comum ver críticas ao conceito político de lugar de fala baseadas numa crítica pós-identitária à noção

de identidade. Se, por um lado, é necessário pontuar os limites da forma identitária — nomeadamente o fato de que as experiências subjetivas e corporais frequentemente excedem os limites normalizados por uma determinada identidade, sendo impossível englobar num só movimento narrativo o todo de uma experiência política qualquer que seja; por outro lado, cada vez que, a fim de criticar as políticas de marcação do local de fala, perde-se de vista que o que está sendo evidenciado pela maior parte dos ativismos do local de fala não são identidades, mas, mais precisamente, posições, e que o conceito de posição, talvez diferentemente do conceito de identidade, incorpora já um certo grau de antiessencialização estratégica pois expressa um certo estado, uma certa forma de estar situada, e não uma verdade absoluta (essencial) sobre um certo sujeito. Assim é que, ao marcar a cisgeneridade numa certa experiência, o que se está a fazer não é afirmar inequivocamente o encaixe preciso entre a experiência de um corpo cis e a sua marcação categórica, mas, sim, está se evidenciando o modo como a inscrição de um certo corpo como cis (isto é, como um corpo relativamente coerente à designação compulsória de gênero) no marco do fundamentalismo cisgênero posiciona esse corpo numa relação inequívoca de poder perante os corpos não inscritos da mesma maneira.

4. A noção de saberes situados precisa começar a servir para que pessoas brancas se situem quanto à sua branquitude, pessoas cis quanto à sua cisgeneridade, e por aí vai... Quero dizer: o modo

como essa categoria (saberes situados) entrou na nossa vida acadêmica e política acabou por refazer os mecanismos de hipervisibilização da experiência subalterna, criando um lastro para que a posição de politicamente oprimido fosse, enfim, narrável como uma forma de conhecimento. O problema fundamental é que, por meio dos saberes situados, aprendemos a falar de como o mundo nos fode, de como as relações de poder nos precarizam, mas não abrimos a possibilidade de situar-nos também em nossos privilégios, em nossos modos de estender a duração da ruína que é este mundo. Quero dizer: nos últimos anos temos tido a chance de aprender a falar sobre os efeitos de subalternidade que envolvem nossa experiência com o mundo, mas infelizmente esse trabalho não foi coextensivo ao de revelação dessas posições de poder cujo sentido da existência é inseparável da reprodução de regimes subalternizantes. Por isso o conceito de saberes situados acabou se limitando a reproduzir a hipervisibilidade da posição subalterna como objeto discursivo, sem criar condições para que, ao situar-se, os sujeitos posicionados em relação de privilégio perante a cisnormatividade, a heterossexualidade e a supremacia branca fossem capazes de perceber densamente a própria posição.

5. Em geral, as críticas ao lugar de fala produzidas desde as posições branca e cis são efeitos da resistência política à marcação dessas posições de poder. Essa resistência é coextensiva às práticas de dominação que dão chão à cisnormatividade e à supremacia branca no mundo como o conhecemos. É justo na me-

dida em que não são marcadas que essas posições conseguem aceder às categorias políticas de pessoa e sujeito; é também por meio da não marcação que as narrativas produzidas desde essas posições alcançam seu efeito de verdade e sua aparência de neutralidade. Dessa forma as críticas cis e brancas ao conceito de lugar de fala são parte de uma luta política pela manutenção das estruturas de privilégio e dominação que configuram essas posições como legitimamente humanas, em detrimento da subalternização de uma multidão de outros hipermarcados pelas miradas ciscolonial e branca supremacista.

6. Finalmente, cumpre responder às críticas que denunciam os ativismos do lugar de fala como violentos por reproduzirem as ferramentas de marcação dos sujeitos conforme suas posições no diagrama socialmente estabelecido pelas lógicas do mundo como o conhecemos. Não me interessa nesse ponto afirmar a não violência desses ativismos, mas situá-la em relação à violência primordial a qual eles confrontam. Com isso quero dizer que os ativismos do lugar de fala estão operando um movimento denso de redistribuição da violência, o que significa que, ao marcar o não marcado, estamos fazendo com que o modo como a violência foi socialmente distribuída seja bagunçado, projetando sobre as posições até então isentas dessas marcas e, portanto, desigualmente inscritas como parte privilegiada do mundo como o conhecemos, a responsabilidade de confrontar a violência que dá forma a seu conforto ontológico.

−5. Veio o tempo em que por todos os lados as luzes desta época foram acendidas

NOTA: Este texto resulta de um exercício de escuta das memórias do futuro, um trabalho sobre as tendências da política contemporânea, sobre a continuidade e os modos de atualização do genocídio negro ao longo da história moderno--colonial, mas também sobre a dimensão espiritual de nossa fugitividade e sobre a força de nossas fragilidades integradas. Resulta, também, de um exercício especulativo comprometido com um futurismo urgente, que se debruça sobre o futuro imediato, excitando dispositivos premonitórios que sirvam à proliferação de narrativas que nos permitam simultaneamente estudar o terror e conceber formas coletivas de atravessá-lo. Finalmente, dedico este texto às minhas irmãs pós-apocalípticas, com quem planejo atravessar o impossível desta época, especialmente Michelle Mattiuzzi e Paulet Lindacelva, que na noite do dia 24 de novembro de 2018 realizaram uma leitura pública deste texto no marco do Boteco da Diversidade, no Sesc Pompeia, em São Paulo.

20 DE NOVEMBRO DE 2021

VEIO O TEMPO EM QUE POR TODOS OS LADOS AS LUZES DESTA ÉPOCA FORAM ACENDIDAS. Tudo está posto, assim como sempre esteve, mas veio, enfim, o tempo em que por todos os lados já não há como negar que a marcha do terror avança e que o Apocalipse programado tomou, de fato, o terreno inteiro da vida comum. Os caveirões das polícias multiplicados, os grupos de homens cis-héteros armados, as sinhás brancas a renovar a brancura totalitária do mundo como o conhecemos, e assim, por todos os lados, veio o tempo em que a primavera tóxica da distopia *brasilis* fez brotar, no verde assassinado da desesperança, a sua flor mais odiosa.

1 DE JANEIRO DE 2019

COMEÇAMOS A CORRER QUANDO SOOU A PRIMEIRA BOMBA. O ar rarefeito daquele ano perturbava nosso fôlego, e não havia muitas rotas por onde fugir. Tudo estava sitiado e para onde quer que virássemos encontrávamos um muro, um portão trancado, uma cerca elétrica ou uma matilha de cães de guarda. A segunda bomba cortou o ar antes do que esperávamos. Perdi o fôlego, e quando olhei para o lado consegui ver, através da cortina de poeira e fumaça, que muitas de nós começávamos a tombar. Tive medo de ficar sozinha, mas alguém segurou minha mão.

Pensei em respirar fundo, mas não o fiz. As bombas emanavam gases que eu não podia simplesmente respirar. Apertei firme aquela mão que ainda não sabia identificar a quem pertencia, e me senti aliviada por não estar só. Corremos de mãos dadas sem conseguir enxergar direito o caminho à nossa frente. Tropeçávamos nos escombros, caíamos e seguíamos em frente, com todos os sentidos em febre, atordoadas pela dor de tudo.

Chegou uma altura em que achei que estivesse desmaiando. Não sentia meu corpo nem era capaz de articular minha própria posição. O mundo à minha volta parecia ter sido desligado e eu via tudo lento. Um silêncio profundo percorreu tudo. Outra vez, senti a firmeza daquela mão apertando a minha. Não estava sozinha e nós estávamos aqui. Ainda. Aqui. E vivas. Corremos e corremos, mudando de direção sempre que as rotas se fechavam, e elas se fechavam a todo tempo. Era impossível fugir, mas justamente por isso nós insistíamos na fuga.

Então uma rajada de vento cortou a fumaça à nossa frente e por um segundo vimos a alguns metros de onde estávamos um feixe intenso de luz negra se projetar desde uma fenda na terra.

Com o coração acelerado, fui puxada pela mão em direção a ela, e tive medo, muito medo, mas me deixei levar. Não era como se tivéssemos muitas opções. Na verdade, bastava pensar por um segundo sobre a situação em que nos encontrávamos para chegar à conclusão de que não havia opção alguma. Estávamos condenadas a correr indefinidamente, a fugir sem pausa, a nos esconder de todas as patrulhas, a recusar todos os abrigos e a desfazer todos os pactos com o mundo. Quando a primeira bomba soou naquele dia, soubemos imediatamente que já havíamos morrido, que o pacto que sustentava, ainda que precariamente, cada uma de nossas vidas se havia quebrado para sempre.

21 DE NOVEMBRO DE 2021

PERDEMOS TUDO DE NOVO. É a terceira vez que isso acontece desde que veio o tempo. Os dias são longos, quase infinitos. Caminhamos indefinidamente pelos túneis, expulsas de todos os lugares, sempre à sombra, sempre juntas. Aqui embaixo, a vibração do mundo pode ser perturbadora. Há aquelas entre nós que ainda sonham voltar à superfície, sonham em retomar o mundo e devolver a ele a integridade que parecia ter antes. Há também, entre nós, aquelas que zombam das saudosistas, e insistem que o mundo, afinal, nunca foi íntegro e que, de algum modo, nós estivemos sempre aqui.

Nós estivemos sempre aqui, de fato. Os túneis em que agora vivemos foram feitos pelas primeiras de nós que percorreram este território — pessoas escravizadas, fugindo das chibatadas daqueles que pretendiam ser seus senhores. Com o passar dos anos, os caminhos foram se abrindo e multiplicando, como um labirinto subterrâneo, uma infraestrutura ancestral cravada na terra sob os pés brancos daqueles que, pela força de suas armas, se impuseram como senhores do mundo.

É escuro aqui. Nós muitas vezes perdemos vista umas das outras, por isso nossos sentidos se aguçam. Aprendemos a conversar pelo tato, pelo cheiro, pelo som da respiração, pela vibração que atravessa nossas peles e reverbera em cada uma e em todas. Também assim lemos os túneis. Cada aspecto dessa geografia insólita fala conosco. A umidade, os cheiros, o som das criaturas que também estão aqui, e essa luz negra, quase roxa, que de quando em quando emerge de um lugar profundo da terra e inunda tudo, iluminando sem tornar visível. Sempre que perdemos tudo, ela vem e se encarna em nossos corpos, bem como na estrutura mesma de todos os túneis.

"Perder tudo" é a expressão que usamos quando alguma de nós morre. Paramos de dizer "morrer" porque, afinal, estamos todas mortas desde a primeira bomba, e mesmo desde muito antes, do primeiro navio negreiro, quando nossas vidas foram todas marcadas como parte de uma só massa indiferenciada de morte-em-vida. Como mortas-vivas, algumas de nós gostamos de nos identificar como zumbis. Somos zumbis porque, a rigor, não estamos nem vivas nem mortas, mas também porque descendemos do guerreiro Zumbi dos Palmares. Nas horas mais felizes, quando nossos corações se aquietam um pouco e podemos sentir pequenas fagulhas de vida incendiarem tudo dentro de nós, gostamos de imaginar que Palmares é aqui e que, no avesso de todo apocalipse, há uma vida preta que se manifesta e vibra e brilha como aquela luz, que emerge do profundo cada vez que a gente perde tudo.

28 DE OUTUBRO DE 1911

QUERIA PODER CALAR A PROFECIA MALDITA DE JOÃO BATISTA DE LACERDA, difusor do programa de extermínio das vidas negras no Brasil. Ele disse, na Conferência Universal das Raças em Londres: "A mestiçagem e a miséria constituirão, até 2012, o sujeito ideal da distopia *brasilis*: um branco encardido forjado a partir do genocídio negro e indígena, capaz de reproduzir, nos trópicos, as ideias de vida, mundo, sociedade, corpo e civilidade do branco europeu."

22 DE NOVEMBRO DE 2021

ESTAMOS CANSADAS. Já não sabemos como contar o tempo pois, aqui embaixo, nada jamais amanhece. Estou escrevendo esse diário desesperado, enquanto pressiono com a ponta dos dedos minha têmpora esquerda, procurando algum sinal ou evento telepático que me permita transmitir qualquer coisa sobre nós. Não estou pedindo socorro. A maioria de nós recusa a ideia de ser salva, pois sabemos que o mundo — ou, pelo menos, o mundo como a gente o conhece — não reserva nenhuma esperança para nós. O que busco, quando tento afinar minha mente com qualquer outra mente lá de cima, é um modo de perturbar a paz que nos soterra, invadir a consciência pacificada daqueles que vivem acima de nós e estremecê-la com a dor de que somos feitas.

Estamos cansadas e estamos também furiosas. Há momentos em que desejamos tão firmemente a abolição de todas as coisas feitas através de nossa morte social que sentimos a terra estremecer à nossa volta. Então damos as mãos, e recusamos também o medo, para desejar, juntas, que a terra vibre o apocalipse deles desta vez.

1 DE JANEIRO DE 2012

ELES ESTÃO VINDO. Eles estão vindo. Acordei assustada nesta manhã pois senti a vibração da terra me alertar: eles estão vindo. Quis gritar, mas não encontrei minha voz. Saí assustada da casa em que vivo, repetindo comigo, para não esquecer: eles estão vindo. Esbarrei numa senhora que voltava da padaria, apertei firme seus ombros e repeti, uma e outra vez: eles estão vindo, eles estão vindo. Ela deu de ombros e seguiu.

Nos congressos da esquerda, nas salas das universidades, nas conversas de bar, nas ruas do meu bairro, enquanto ainda há tempo, eu insisto e repito: eles estão vindo. O tempo dos assassinos chegará novamente a seu cúmulo. As ruas serão tomadas pelas suas marchas, as casas serão invadidas por suas polícias, as canções serão cantadas para louvar sua ordem, a vida será cortada para caber em suas caixas, os corpos serão formatados nas suas gramáticas, as vozes serão moduladas a repetir seus hinos, e assim, por todos os lados, eles virão.

Eles já estão vindo. Antes estavam latentes, lentos, não propriamente escondidos, mas certamente acanhados. E são tantas como eu que, já há tanto tempo, não cessaram de pressentir seus passos, de ouvir seus cochichos. Eles têm um plano e o tempo está chegando. Eles tentarão cumprir a promessa de João Batista de Lacerda. O ano hoje é 2012. O ano prometido do apocalipse da vida preta e indígena no Brasil. E eles estão vindo.

23 DE NOVEMBRO DE 2021

A LUZ NEGRA ILUMINOU DE UMA SÓ VEZ O LABIRINTO DE TÚNEIS E NÓS, JUNTAS, FIZEMOS TUDO À NOSSA VOLTA VIBRAR. Estamos cansadas de sempre perder tudo. Será preciso também tomar algo, cortar o mundo. Desta vez, foi a guerreira mais velha. Ela já andava doente, resmungando contra a nossa condição, triste, profundamente triste, mas ainda assim altiva na própria fúria, à altura da própria raiva. Em homenagem a ela, desta vez, ao perder tudo, nós fizemos sobrar algo, como se a dor do que nos atravessa tivesse, finalmente, chegado a um ponto de transbordamento.

Demos as mãos e, à volta do corpo adormecido de nossa velha, fizemos vir um grande estremecimento. Algumas sentiram medo de que a terra colapsasse sobre nós, mas no fundo todas desejávamos uma ou outra forma de colapso. A terra estremecida vibrou para além dos túneis, e sentimos chegar a nós as ondas de medo daqueles que ao longo desses anos todos nos fizeram existir no medo. Era um ataque, nós os estávamos alcançando. Irradiamos nossa fúria dolorida, e sentimos que, quanto mais apertávamos a mão uma da outra, mais nos tornávamos íntimas da terra ao nosso redor.

Atordoadas pelo nosso próprio poder, nós também balançamos, estremecidas pelo estremecimento que estávamos gerando no mundo deles, assustadas com a materialidade do nosso poder, com a capacidade de afetar assim, tão diretamente, a estrutura do mundo deles, a saúde do mundo deles, a arquitetura e a gramática do mundo deles. Nós estávamos ali, atadas por uma força que provinha, precisamente, da reunião de nossas fragilidades. Nós estávamos fracas, partidas, e já tínhamos perdido tudo, tantas, tantas vezes... E de alguma forma, desde aquele labirinto de túneis sob a terra, estávamos operando um terremoto contra o mundo deles. De fato, pareceu de repente que estávamos prestes a partir para sempre o mundo deles.

Até que veio uma exaustão e se abateu sobre nós e sobre a própria terra. Nossas mãos se desprenderam e começamos a cair, uma a uma. O labirinto de túneis permaneceu intacto. Por um momento, todas nós nos perguntamos, em silêncio, quanto a onde estávamos. Quão fundo, quão no cerne de tudo tínhamos ido parar?

29 DE OUTUBRO DE 2018

UM SILÊNCIO PROFUNDO AFUNDOU A MANHÃ. O último e mais evidente alarme havia finalmente soado. Eles haviam chegado. Nós avisamos que eles viriam. Eles haviam chegado.

24 DE NOVEMBRO DE 2021

DESEJAMOS PROFUNDAMENTE QUE O MUNDO COMO NOS FOI DADO ACABE. E esse é um desejo indestrutível. Fomos submetidas a todas as formas de violência, fecundadas no escuro impossível de todas as formas sociais, condenadas a nascer já mortas, e a viver contra toda formação, no cerne oposto de toda formação. Desejamos profundamente que o mundo como nos foi dado acabe. E que ele acabe discretamente, no nível das partículas, na intimidade catastrófica deste mundo destituído de mundo, este mundo que até a própria terra rejeita. Essas palavras circularam telepaticamente por todas as que estávamos ali, não tanto como um pensamento, mas como algo vibrando fora do corpo, na carne do túnel, da nossa velha, da gente: desejamos profundamente que o mundo como nos foi dado acabe.

    A luz negra, que havia encarnado em tudo com toda a intensidade, foi aos poucos escorregando por entre os cantos do labirinto, banhando nossos corpos e se cravando outra vez no profundo. Estivemos ali por muito tempo, cozinhando junto com a terra. Pouco a pouco, à medida que nossos corpos foram recuperando o acesso às pernas, decidimos nos separar e nos mover pelo labirinto de túneis, a tentar captar as repercussões do nosso ataque e estudar as implicações do que havíamos feito.

Enquanto caminhava, me lembrei de uma frase que havia aprendido pouco antes da manhã de 1 de janeiro de 2012, "que a vitória recompense os que tiverem feito a guerra sem amá-la". Senti que a memória ricocheteou nas paredes do túnel e vibrou junto em toda a gente que me acompanhava. Nada vibrou em resposta. Continuamos em silêncio, estudando o labirinto. Tudo parecia estranhamente calmo. Estávamos vivas.

Nós viveríamos.

−6. Escuro e não representação — sobre *NoirBLUE*, de Ana Pi

Esses tênis brilham porque não são feitos para pisar o chão. O corpo virado do avesso é, na realidade, um corpo que vem de outra parte, um corpo que existe de outra maneira no espaço e reclama, por isso, uma outra forma de posição. Há fumaça e escuridão, há também aquelas luzes azuis que se movem diante dos nossos olhos. Estou assistindo a uma viagem no espaço, uma aventura cósmica, uma evocação de forças disruptivas sobre os mundos de dor que compõem aquilo que convencionou-se chamar realidade. Estou falando sobre mágica; estou falando sobre coreografias fugitivas; estou falando sobre futuridade negra; estou, enfim, falando sobre o solo de Ana Pi, *NoirBLUE*.

Ana Pi é bailarina, investigadora, coreógrafa e artista da imagem. Sua prática envolve as tradições incorporadas da diáspora negra e as danças contemporâneas periféricas em um movimento simultaneamente íntimo e coletivo voltado à invenção de exercícios de liberdade transitórios, de micro e múltiplas interrupções nas coreografias normalizadas de captura e violência. Nesse sentido, seu trabalho é um estudo sobre como estar atenta enquanto dança, e a filosofia política encarnada que ela articula nos fornece um aglomerado de ritmos, batidas, quadris que vibram, saltos, quadradinhos e sarradas elaboradas através e para além da violência racial; um arquivo sensível de gestos comprometidos com uma definição de dança enquanto ato de luta e estratégia de fuga.

Por sua vez, a dedicatória aos movimentos #BlackLivesMatter e #JovemNegroVivo, não opera simplesmente como a promoção de uma causa. Mais bem, ela assinala um engajamento da artista com o informe campo de forças que configura a coalizão espiritual negra. *NoirBLUE* parece emergir de uma espécie de encruzilhada cronológica, tanto como a atualização de uma força ancestral quanto como uma operação premonitória. Sua relação com tempo e memória, e seu compromisso com a luta continuada para que as vidas negras importem, intervém na dança especulativa de Pi com um programa ético definitivamente enraizado numa certa forma de futuridade — uma abordagem estratégica do tempo que visa operar no futuro por meio de uma leitura poética do presente do mundo, suas relações fodidas e as brechas radicais que elas comportam.

Num certo momento da peça, Pi propõe à audiência um jogo (aqui é importante registrar que, ao dizer "audiência", estou me referindo a um grupo majoritariamente eurobranco). Ela traz para a frente do palco um bocado de pequenos rótulos autocolantes brancos e começa a colá-los ao próprio corpo um a um. Enquanto isso, a audiência é convidada a enumerar categorias de azul. "Azul-marinho, azul-bebê, azul-piscina", Pi é quem ativa a lista para que em seguida o jogo comece. Gradualmente, as vozes da audiência começam a entrar em cena com mais e mais categorias de azul. Pi segue brincando com as palavras, fingindo e provocando mal-entendidos, mas o que captura a audiência no jogo armadilhado da categorização é a própria naturalidade do gesto classificatório no contexto social em que o trabalho se apresenta.

Quando, no final do jogo, quase todos os rótulos foram finalmente dispostos no corpo da artista como marcas, ela corta o diálogo com a audiência e corre rumo às sombras de seu palco, dançando firmemente à medida que as luzes enegrecem. Ao evidenciar os rótulos brancos, a implementação da luz negra opera como um dispositivo eficiente para as políticas da opacidade negra. Ela desmaterializa a negritude como um objeto do olhar branco-colonial enquanto marca o branco como um objeto de sua própria sujeição. É quando o corpo negro desaparece em meio à atmosfera ultravioleta da luz negra que o trabalho realiza sua mais poderosa forma de crítica, ao desafiar a noção mesma de materialidade que reproduziu a branquitude como única e totalitária forma de presença. Assim, quando as luzes enegrecem, o corpo negro rompe sua contenção rumo a uma forma de presença radicalmente outra: tornando-se a escuridão ela mesma.

A iluminação de *NoirBLUE* é uma parceria entre Ana Pi e Jean-Marc Ségalen e é crucial para a peça, especialmente por sua relação com a sombra, a escuridão, a luz negra e a fumaça. Visibilidade, aqui, não é jamais confundida com transparência. Em vez disso, ela é reposicionada de acordo com um projeto visual que elabora a escuridão como um campo não representacional onde não há um olhar dominante capaz de recortar corpos como objetos. Se esse é um trabalho sobre visibilidade negra — e é, bem como este texto, ambos inscritos por um mundo que nos invisibiliza enquanto sujeitos e criadoras para fazer de nós temas e objetos hipervisíveis —, ele o é na medida em que a visibilidade negra necessariamente desafia o lugar-comum do regime de luzes moderno e configura um aparato sensível que nos permite ver através, pensar desde e existir para além do escuro.

Já no final, enquanto Ana Pi arma um novo jogo — dessa vez um leilão do vinil contendo a trilha sonora original da peça —, a audiência é convidada a tomar uma posição no espetáculo do valor. Talvez a pessoa que venceu o leilão na ocasião em que assisti à peça (o renomado escritor português Valter Hugo Mãe), comprando o vinil por menos de ciquenta euros, acredite que aquela cena trata simplesmente da venda do disco. E num certo sentido, sim, mas quando consideramos o drama histórico que conecta o corpo preto de Ana Pi à cena do leilão, temos de confrontar a violência inerente à moderna equação do valor. O jogo, contudo, é dinamizado pela maneira com que Pi entra e sai dele, jogando com o valor contra a violência do valor.

NoirBLUE não cessa de mover o modo como certas operações naturalizadas são feitas. Assim, do mesmo modo que na cena dos rótulos brancos, a cena do leilão incide diretamente sobre a automaticidade das respostas da audiência, instaurando uma armadilha reveladora da continuidade entre valor e evento racial, sem, com isso, evidenciar todas as estratégias críticas lançadas na cena. Essa dimensão jocosa do trabalho é, sem dúvida, uma outra manifestação da opacidade na poética de Ana Pi. Sem ceder ao imperativo da transparência, Pi aposta na dissimulação da densidade crítica do próprio trabalho para criar uma plataforma sensorial por meio da qual irradia uma poderosa força antirracista, que incide sobre a audiência branca sem que esta seja capaz de sequer perceber aquilo pelo que está sendo tomada.

Para encontrar as forças acionadas por Pi, é preciso permitir-se enxergar com os ouvidos; especular com os pés; pensar com os quadris; e na pele ativar tanto um radar quanto um lócus espiritual. Nesse processo, a música atravessa os sentidos, os significados e a cognição ela mesma, como uma força que faz vibrar tudo na sala, desde o corpo de Pi até o movimento intestino de todos os corpos e das coisas presentes. Jideh High Elements é o colaborador convidado de Ana Pi para a criação da trilha sonora, e suas faixas são, ao mesmo tempo, composições profundamente enraizadas nas tradições da música eletrônica preta e rotas de fuga para os gestos ancestrais de futuridade preta que compõem *NoirBLUE*.

Todos esses elementos realizam uma atmosfera, e nos sugerem que *NoirBLUE* não deve ser lido como um espetáculo, mas como a instauração performativa de um outro mundo. "Que mundo?", a leitora pode perguntar, cedendo à tentação da transparência. Mas uma das belezas do trabalho de Ana Pi é, precisamente, sua capacidade de instaurar um mundo sem torná-lo completamente visível. Criar essa força imaginária que — em face do mundo como o conhecemos (o mundo do capitalismo racial e seus aparatos extrativistas) — recusa a visibilidade como transparência é uma forma de autopreservação das vidas e dos projetos especulativos negros. Se no meio da peça as luzes de emergência da polícia iluminam o corpo de Pi, é porque, desde a posição do sujeito preto, ainda não se pode ser livre neste mundo; mas se Pi continua a dançar depois disso, é porque, desde essa mesma posição, ela carrega consigo algo (um segredo!) pelo qual vale a pena lutar.

–7. Lauren Olamina e eu nos portões do fim do mundo

Em *The Undercommons*, Fred Moten e Stefano Harney abrem uma brecha para repensarmos o que estudar (*to study*) significa, especialmente o estudo preto (*black study*), compreendido aí como "estudo sem finalidade", estudo para a fuga, para o plano de fuga, isto é: para a fuga sem finalidade, para a fuga indefinida em meio à noite preta dos subcomuns. Como quando nos damos conta de que há algo condenado neste planeta e que não há para onde fugir senão rumo à própria fuga, ao domínio opaco, impreciso, mutante e especulativo da fuga. Estudar é fugir. É estudar para fugir, para habitar o desterro, a catástrofe e os outros mundos possíveis que se precipitam ao fim deste.

Lauren Olamina, personagem central do livro de Octavia Butler *Parable of the Sower*, dá-se conta de que o mundo como lhe foi dado conhecer está por um fio. Lauren é hiperempata, isto é: tem a habilidade de absorver as dores e intensidades de todas as coisas vivas à sua volta, e isso, ao mesmo tempo em que a enfraquece, parece permitir que ela se conecte com as forças que a cercam de maneira singular — uma conexão que se faz pela dor, num espaço afetivo compartilhado onde os efeitos das violências, dos eventos traumáticos, ainda que sufocantes, guardam também possibilidades de aprendizado. De estudo.

Na conversa com sua amiga Joanne, ao ser confrontada quanto à impossibilidade de ler o futuro, Lauren responde: "É assustador, mas depois que você atravessa o medo, é fácil." Ler o futuro aqui não se trata de uma operação miraculosa, mas de um estudo, uma atenção aos diagramas de força e às coreografias do tempo, e não se limita à capacidade de fazer maus presságios — Lauren se recusa a parar por aí. Ler o futuro — isto é: as forças que estão em jogo na produção do futuro — é apenas o primeiro passo rumo a uma ação cujo sentido é o de moldá-lo, agir sobre ele.

Cada capítulo de *Parable of the Sower* inicia com versos de um outro livro, escrito por Lauren e chamado *Earthseed: O livro das coisas que vivem*.[1] Trata-se de uma teologia experimental que reposiciona Deus e o inscreve como Mudança — força tão irresistível e inexorável quanto maleável e caótica: *God exists to be shaped.* Existe para ser moldado, assim como o futuro. Por isso, para Lauren, o fim do mundo não é o fim da linha. Sua aposta no futuro, no entanto, não deve ser confundida com um otimismo, porque não resta dúvida de que as coisas piorarão, mas é justamente a partir dessa consciência trágica do colapso em curso que é possível elaborar as rotas e táticas para a fuga.

---

1. No original, *The Book of the Living*.

Eu comecei a ler Octavia Butler há pouco mais de dois anos. *Parable of the Sower* foi o primeiro livro com que tive contato, e desde então, por diversas vezes, retornei a ele. Minha atitude perante esse livro foi — e tem sido — a mesma de Lauren perante os livros velhos da biblioteca de casa: retorno a ele com a aposta de aprender, nas linhas e entrelinhas, coisas que possam ajudar a passar pelos tempos que se desenham.

A grande sacada da ficção especulativa é a de representar do futuro aquilo que está já em jogo no presente. Se o mundo em que estamos não é o mesmo de Lauren Olamina, ainda assim é possível perceber as conexões, os encontros e o modo como as forças que operam agora podem levar à situação imaginada por Butler. Afinal, não é difícil olhar para este tempo desde o qual eu escrevo e reconhecer nele os sinais do fim de um mundo. Digo, conforme aprendi com Lauren: "É assustador, mas depois que você atravessa o medo, é fácil."

A velocidade de atualização do colapso no presente imediato e sua ressonância com processos necropolíticos históricos fizeram de mim uma criatura incontornavelmente pessimista perante o futuro. Ser pessimista, no entanto, não significa desistir ou aceitar uma imagem fixa do apocalipse universal como destino último de toda forma de vida. Falo de um pessimismo vivo, capaz de refazer indefinidamente as próprias cartografias da catástrofe, com atenção aos deslocamentos de forças, aos reposicionamentos e coreografias do poder. No limite, falo de um pessimismo que é nada mais que um estudo, no sentido trazido aqui a partir de Moten e Harney: um plano de fuga.

Para Lauren, olhar o abismo do futuro e lidar com as realidades, por mais devastadoras que sejam, é determinante para a sobrevivência. Da mesma forma, gosto de perceber este tempo em sua crueldade e miséria, em sua crueza e seu desencanto, porque suspeito que não possamos simplesmente superá-lo ou transcendê-lo. Não se deixa para trás o que está por todo lado, mas também não se pode aceitar que o que está por todo lado estará para sempre aqui. Se o futuro está para ser moldado, e o presente é colapso, esgotar o que existe é a condição de abertura dos portões do impossível.

−8. Carta cifrada a Castiel Vitorino Brasileiro

17 DE MARÇO DE 2019

Bicha,

A história tem, de fato, nos exigido crueldade.

A ingenuidade perante as formas do poder não é um luxo ao qual nos podemos dar. Não se sobrevive a uma guerra fingindo simplesmente que os canhões não estão apontados, que não há arame farpado nas ruas e que os cães de guarda não enxergam sua mira em nosso pescoço.

Eu sei que você sabe do que estou falando.

Nós ouvimos o ruído das bombas despencando céu abaixo e vimos muita gente desaparecer em muito pouco tempo.

Nós corremos em direção ao apocalipse porque sabíamos que ele ia nos pegar, de qualquer jeito.

E chega dessa conversa de ficar surpresa cada vez que o caldo entorna. Você tem razão: a história tem exigido crueldade, porque vimos tudo isso vindo.

Eu sei que você sabe que a nossa experiência do tempo — de formas mais ou menos desastrosas — tropeça entre temporalidades sempre muito distintas, e que por vezes somos arrastadas por velhas correntes, tornamo-nos habitantes compulsórias de um passado que se atualiza.

A matéria orgânica do nosso corpo é acostumada a esses sobressaltos.

Toda bicha preta viva deve estar atenta como condição de estar viva. Essa regra nós não inventamos, mas há forças e saberes que só poderiam ter emergido do fato de termos sido submetidas a ela.

Há algo no que estamos fazendo que não pode ainda ser apreendido nem por nós mesmas nem pelas gentes e coisas que nos cercam. Por isso não há linguagem para descrever a força que me arrasta até o seu trabalho, mas também não há nada por desvendar. Nós ouvimos os sussurros e nos dedicamos a montar e desmontar o quebra-cabeça.

Um manjericão roxo plantado na sua garganta, uma raiz costurada com tinta vermelha. Eu não me interesso pelo significado dessas imagens, mas pelas profecias que há nelas. Em outras palavras: não é o significado, mas o sussurro que me motiva. O que eu consigo ler não é o foco, pois a nossa conversa está no ilegível.

Muito intuitivamente eu diria que posso sentir de longe a vibração que viaja no tempo e se manifesta no seu quarto de cura. Mas por que os olhos ainda doem?

Nós entendemos o recado e sabemos que vamos testemunhar uma época brutal, mas quais épocas não foram brutais conosco?

Depois de ser esquartejado, um corpo jamais retorna a seu estado íntegro, de modo que o nosso corpo — esquartejado intergeracionalmente — é testemunha do fato de que a integridade se constitui na aliança. Que nossos corpos partidos encontram extensão e órgão uns nos outros e nas coisas — nas flores, na terra.

Jamais fomos humanas e por isso podemos ser flor e merda e sagradas.

A saúde elegida pelo império que rege o mundo como o conhecemos é o patógeno.

Se nós enxergamos a cura, é porque dos nossos olhos foram arrancadas todas as capas que mascaravam o mundo e a sua integridade.

Para nós nada é íntegro. Isso é a história a exigir-nos crueldade.

Nós enxergamos a cura, e enxergamos na cura o limite do mundo que nos foi dado.

Sabemos que a semente disso está para florescer agora.

Somos a Anunciação em cada gesto.

Merdas e sagradas.

Aqui foi o Quilombo do Pai Felipe.

Com carinho,
Monstra Errática

−9. O nascimento de Urana

Nota: Esta é uma obra em processo. A premissa especulativa desenvolvida aqui pode e vai, a partir de um percurso mais denso de recomposição, passar por alterações e desdobramentos. Assim é que convido a leitora a interagir, por meio deste texto, com um episódio imaginativo cujo sentido não é o de formular utopias nas quais as imposições do fundamentalismo cisgênero estejam suspensas; antes contribuir para a composição de estratégias coletivas de resistência, luta e contraposição aos modos nefastos de atualização da violência distópica contra corporalidades trans e desobedientes de gênero. Este texto é também um convite para a ocupação do espaço generativo do futuro com ficções potencializadoras de outras formas de existência, corporalidade, coletividade e luta, que interajam de forma densa e concreta com o real, produzindo-o em direções tendencialmente desviantes dos projetos normalizadores de mundo.

0

Acho que nasci.

Sem perceber bem os contornos, fui explodindo de fora a fora, revirando os intestinos do planeta. Primeiro eu era fogo, e então gás. Uma precipitação de chuva apressou minha queda e, sem sequer ter olhos, vi uma cordilheira de carne escura se materializar num oco de mundo.

Cada grama do meu peso estava infundido de memória. Eu sabia das guerras, das catástrofes e da morte, podia medir a extensão do desespero humano, e o conjunto de feridas do mundo sobre o qual eu caía foi transcrito nas cavidades mais íntimas da terra que eu era. Mas não havia tempo, e aquele não era meu passado, pois, quando nasci, ainda nada me antecedia e eu não antecipava nada.

Então, como uma coceira, vi uma mata espalhar-se pela pele do planeta. As cascas das árvores emergiram primeiro, junto às cores que vi crescer para fora e para dentro, como camadas de informação espessa a cravar-se fundo, como dedos e punhos, numa penetração consentida, a escavar na superfície do planeta uma profundidade insuspeitada.

Na minha informidade, sentia tudo e me espalhava por toda parte. Eu era imensa e destrambelhada, como uma força replicante, a multiplicar-me pelas sendas sem sociedade, nos vãos e desvãos desta terra sem mundo que era meu corpo, este corpo de carne e terra, de água e minério, cozinhando a toda no bucho sem fim nem começo do planeta.

1

A sirene da onda de terror me acordou antes das quatro da manhã e um desespero cru percorreu minha carne.

Quando abri os olhos, meu corpo estava imobilizado como se tivesse sido atingido por uma descarga elétrica. Antes de poder recapitular o que sonhava, mobilizei toda minha concentração em desmontar a paralisia. Dali até a próxima sirene, se tivesse sorte, seriam oito três minutos, e eu precisava de pelo menos três para conseguir recuperar os movimentos.

A vibração da terra me alerta sobre uma patrulha de cães de combate cumprindo seus rituais de caça a poucos quilômetros daqui. Se algo — ou alguém — correndo perigo tentasse fugir dos arredores da minha localização, eu também estaria em risco. O pavor atacou meu estômago, e tive de deslocar a atenção dos braços para controlar um impulso de vômito que se precipitava por meus tubos interiores e ameaçava me afogar caso se concretizasse.

Eu estava deitada de costas, sobre um banco de areia, numa região de dunas desérticas entre o oceano e os restos de uma antiga reserva de Mata Atlântica.

Depois de conter o vômito, voltei a concentrar-me nos braços, tentando extrair da paralisia, primeiro, pequenos movimentos de dedo. Eu sabia que não era capaz de me pôr a correr cedo o suficiente para me afastar dali antes de ser atingida pela próxima sirene; por isso decidi cavar. Se eu me escondesse sob a terra, as ondas de terror não fariam mais que atordoar alguns de meus sensores, alentando minha capacidade de reação sem, entretanto, me deixar paralisada.

Naquele momento, era a patrulha que me assustava mais, por isso deixei que parte de meus sensores táteis se concentrassem na vibração da terra, enquanto os demais trabalhavam para devolver a capacidade de ação ao meu corpo. Tão logo as mãos e os antebraços se liberaram da paralisia, comecei a cavar; o resto do corpo foi se soltando à medida que eu mergulhava na duna.

Não contei quanto tempo levou até que eu soterrasse o corpo por inteiro, mas pressenti que as sirenes chegariam logo e, um instante depois de fechar o buraco, ela veio.

Esta durou mais que o habitual.

Mesmo atordoada pelos efeitos da onda, cavei tanto quanto pude, sem parar, mergulhando fundo no banco de areia, com esperança de que a minha marca hormonal não fosse captada pela patrulha. Eu sabia que, com o corpo em ebulição pela quantidade extrema de alterações bioquímicas que vinha fazendo, minha presença era detectável de longe pelo novo sistema de reconhecimento incorporado recentemente pelas patrulhas.

E ainda que ali, sob a terra, eu tivesse alguma vantagem, jamais seria capaz de escapar das eventuais investidas de uma patrulha inteira. No estado de transição em que estava, ainda não me era possível simplesmente desmanchar e espalhar meu corpo pela terra. Por isso a pressa em chegar mais e mais fundo.

2

Minha primeira transição se tornou consciente para mim por volta de 2017.

Naquela altura, muitas de nós tínhamos a impressão de que as coisas mudariam para melhor, embora estivéssemos também atentas à persistência dos sistemas de controle e do assassinato político que nos eram endereçados.

Era um tempo ambivalente. Ocupávamos espaços contraditórios, numa tensão permanente entre as posições de sujeito e de objeto, entre o acesso e a exclusão, entre a afirmação da vida e a imposição da morte. Para muitas de nós, a única forma de nascer nesse tempo era ainda travando um pacto com a morte.

Eu não saberia prever em que aquilo daria, mas sabia bem o ponto de partida: uma fuga desabalada da masculinidade compulsória que o fundamentalismo cisgênero havia inscrito violentamente sobre meu corpo.

A experimentação com hormônios começou somente uns anos mais tarde. Primeiro com um coquetel periódico combinando estrogênio e bloqueador de testosterona, que permitia ao meu corpo uma transformação mais radical no nível molecular, assim como à minha percepção e sensibilidade, no nível emocional, uma mudança afetiva e intelectual.

O acesso aos hormônios, contudo, havia se tornado mais rigorosamente regulado pelas instâncias de controle bioquímico.

A ascensão do CISTEMA, no terreno da política institucional, abriu caminho para a aprovação de leis nefastas, como a da Destransição Compulsória para pessoas trans sem diagnóstico e a da Renaturalização, que impunha às pessoas diagnosticadas como "transexuais verdadeiras" a implantação de *microchips* reguladores de comportamento, além de procedimentos violentos como esterilização involuntária e instalação de marcas hormonais por meio das quais as biopolícias poderiam conferir se as taxas de hormônios de um determinado corpo estavam de acordo com as declarações médicas e jurídicas registradas para aquele mesmo corpo.

Corpos não autorizados a transicionar, ou corpos cujas dietas hormonais não obedecessem aos desígnios da medicina fundamentalista, eram confinados em instituições carcerárias onde passavam por processos bioquímicos e cirúrgicos de destransição forçada.

Muitas de nós morremos nas mãos dos soldados da medicina fundamentalista, e as que não foram pegas, tivemos de aprender a existir nas zonas de inexistência impostas por esse regime, hackeando nossas marcas hormonais com substâncias indetectáveis, ou quase indetectáveis, descobrindo e experimentando novas formas de transição bioquímica, indo além daquilo que a indústria farmacêutica do CISTEMA havia instituído como fórmula.

3

Acordei sem saber que ano é hoje.

Outra vez sonhei que era um planeta, e um bico de metal de muitos metros invadia minha carne dorida. Esses novos hormônios deviam estar me transicionando muito rápido, e talvez aqueles sonhos fossem uma forma de alertar meu corpo sobre suas novas dinâmicas.

Já fazia dois dias da última onda de terror.

Era a primeira vez que eu experimentava uma certa forma de tranquilidade, como se aquele tempo sem descargas de pavor e desespero me tivesse permitido descansar da rotina exaustiva que a fuga me impunha.

Decidi arriscar-me um bocado e sair da duna. Tracei algumas coordenadas, com atenção às vibrações da terra e ao que elas me diziam em relação à demografia daquela área. Não queria encontrar ninguém que pudesse me pôr em risco, fosse atacando ou simplesmente atraindo demasiada atenção por descuido.

Identifiquei o topo de um monte e, depois de ter me aproximado quanto foi possível de sua base, comecei a cavar para o alto. Fui me desviando de algumas rochas, colhendo raízes desatadas de suas plantas e perdidas na imensidão de terra e areia daquele monte, subindo até chegar a um lugar onde senti que podia sair sem correr perigo.

O contato direto com o ar me encheu os pulmões, produzindo uma forma de prazer tão genuína quanto a minha sede.

As alterações bioquímicas que vinha realizando me permitiam hidratar o corpo sem ter de necessariamente beber água, mas minha boca sentia a falta do líquido a escorrer pela língua, dentes e garganta.

Desde a seca dos rios em 2039, era impossível encontrar água potável na superfície da Terra. Com base em um conhecimento Krenak antigo, algumas de nós acreditávamos na hipótese de que eles haviam se escondido sob a superfície da terra; porém, com a intensificação das perfurações em busca de petróleo, minérios e também água, começávamos também a acreditar na extinção iminente dos reservatórios subterrâneos.

Então, uma explosão distante encheu o ambiente de som e inquietude.

Olhei na direção do barulho e vi uma das bases marítimas do CISTEMA arder. Teria sido um acidente? Ou uma ação programática? Se algo — ou alguém — tivesse feito aquilo... teria sido uma de nós? Eu queria acreditar que sim! Precisava acreditar que sim! Fazia tanto tempo desde a última vez que senti esperança...

Mas durou pouco. Uma nova onda de terror foi ativada na sequência da explosão.

Senti meu corpo entortar de dor e desespero, achei que fosse morrer, tamanha a intensidade daquele afeto. Quando recobrei os sentidos, a paralisia já tinha passado; mas eu estava detida, algo me continha — e eu sequer conseguia perceber o quê.

4

A furadeira de metal gigante avançou fundo. O ruído bruto e a vibração aguda da extração cravavam as ossadas do planeta. Eu era o petróleo, a terra invadida, o metal da furadeira. E estava atordoada pela dor de tudo.

De repente senti que a terra à minha volta fervia, que o fogo se alastrava por dentro. Deixei-me inundar por aquela sensação. O planeta vibrava tenso, num contraêxtase ansioso perante as investidas do metal contra a terra.

Aos poucos, apercebi-me que suava. Muito. Senti também que me secava numa velocidade assustadora.

Na medida em que me reconectei com meu corpo, meus sensores estavam ainda tão atordoados que podia jurar ter sido engolfada por uma onda de terror infinita. Terror e tensão. Não conseguia sequer perceber o lugar em que estava. Sentia-me presa, mas não era capaz de identificar as amarras.

Havia alguém a observar-me? Onde eu estava? Quem, ou o quê havia me capturado?

Era estranho. Aos poucos comecei a perceber água corrente à minha volta. Tive subitamente a impressão de que minha localização era algures no fundo da terra, depois da linha oceânica. Se havia água ali, talvez os rios tivessem mesmo se escondido sob a superfície...

Mas como eu havia chegado aqui? E onde eu estava? Meus sensores ainda não respondiam plenamente à minha consciência, mas já podia discernir alguns sinais.

5

Sentia como se estivesse em toda parte. Ao mesmo tempo era como se eu não estivesse em parte alguma.

Com todos os sentidos permeados pela terra, mas sem ainda ser capaz de perceber onde estava, tentava com todas as forças captar sinais, frequências e informações sobre aquela explosão em pleno mar.

Em pleno mar!!! Lá, onde as bases do CISTEMA foram abrigar-se das investidas da terra. O custo da suposta estabilidade dessas bases tinha sido precisamente a esterilização radical da vida marinha.

O fundamentalismo cisgênero lia como ameaça toda forma de vida que não se resumisse ao seu projeto de mundo. Toda a costa havia sido, portanto, contaminada deliberadamente, e tudo estava agora tomado por microplásticos e uma espécie de fungo, cuja função era precisamente a de perpetuar a morte do ecossistema marinho.

Esse processo teve início há cerca de dez anos, como reação às novas formas de transição que passavam a circular entre gente trans e além de nós. Estávamos descobrindo mais e mais dispositivos hormonais que permitiam processos radicais de desmaterialização, transição de espécie e integração com os elementos da Terra.

Muitas de nós estávamos abrindo mão da humanidade em favor da possibilidade de tornarem-se terra. Era um processo experimental e demorou muito até que as formas de transição fizessem sentido.

Foi em 2033 que o primeiro ataque da terra às bases do CISTEMA aconteceu. Um tremor derrubou as fundações de um centro carcerário em construção. Os noticiários o anunciaram como um fenômeno natural, e não foi mesmo de imediato que nós nos permitimos reconhecer que aquilo não era mera coincidência.

A partir daí, os ataques se multiplicaram. Centros de detenção, clínicas de destransição forçada, escolas de costume, bases militares e centros financeiros, pouco a pouco, iam sendo derrubados, engolfados, implodidos, soterrados e cercados.

Quando decidi iniciar minha transição rumo à terra, o CISTEMA já havia começado seu processo de ocupação e controle da costa, deslocando suas bases e, logo, também suas cidades para espécies de ilhas flutuantes sem contato direto com o continente.

Também havia multiplicado as máquinas de extração, controladas remotamente desde as bases marítimas, cuja finalidade era basicamente empobrecer a terra a fim de torná-la menos prolífica em ataques contra o CISTEMA.

Os assassinatos e destransições seguiam, agora também contra as novas formas de vida trans. A perseguição à terra era feita de maneira coextensiva à perseguição aos corpos trans, assim como a luta dos corpos trans, a cada dia, tornava-se também coextensiva à luta da terra.

O continente havia se tornado uma terra fugitiva, cercada de um mar assassinado pelo projeto de mundo do fundamentalismo cisgênero. Todos os seres vivos que o habitavam estavam, de alguma maneira, fugindo das patrulhas do CISTEMA, buscando abrigo na terra e tentando encontrar modos de sobreviver e preservar seus saberes e comunidades apesar das investidas totalitárias do regime.

Com o deslocamento para o mar, tornou-se quase impossível para a resistência atingir consistentemente a infraestrutura do CISTEMA. Aqui e ali, era possível registrar ataques pontuais a algumas patrulhas, desmontes das grandes máquinas de extração, mas nada que danificasse de maneira intensiva e permanente as bases do fundamentalismo cisgênero que governava o mundo.

Caso tivesse mesmo sido fruto de um ataque, e não de um acidente, aquela explosão abria uma nova gama de possibilidades de intervenção no regime fundamentalista.

Mas como? Que novas forças estavam em jogo? Com que efeitos e com que riscos? E como isso poderia fazer recircular a vida entre aquelas dentre nós confinadas em prisões materiais e simbólicas do CISTEMA? Eu podia sentir a terra vibrar com cada uma de minhas perguntas, como se pensássemos juntas.

Ou talvez fosse apenas eu a vibrar as dúvidas da terra. Ou talvez, àquela altura, minha transição se havia completado e eu já era nada.

E em sendo nada, eu finalmente podia ser qualquer coisa.

E tudo.

[...]

Carta à escritora de vidas infinitas

Querida amiga,

Ensaiei algumas respostas para esse convite, que, como te disse antes, recebi com muita alegria. Nos rascunhos eu falava sobre as dimensões políticas do segredo e sobre o contexto de tuas palavras aterrizando na ficção *brasilis*, tensionando os limites dos projetos românticos de libertação de uma esquerda que se sustenta nas mesmas lógicas de dominação que afirma querer minar.

No titubear dessa escrita, Veio, novamente, *o tempo em que por todos os lados as luzes dessa época foram acendidas*. 2020 se instalou como peste e como possibilidade de testemunho global da face necrosada da experiência colonial. O tempo não cessará de chegar, parece-me oportuno que teus escritos ganhem em abrangência e circulação, justo porque eles não se confinam na tarefa colonial de oferecer respostas às demandas mesquinhas de nosso presente histórico.

É neste presente histórico, que em tudo converge para interdições e fronteiras, que tuas elaborações assentam na forma livro do lado de cá do Atlântico, e isto torna evidente que este tempo também é fractal e que há muito a ser espiralado.

Depois de abandonar todas as palavras adequadas, escrevo-te transmutada em pedra. Pedra. Não pela qualidade secular, afinal nossa tarefa não é sustentar o peso do tempo linear. Pedra, sim, embora não seja possível fecharmo-nos em rocha contra o mundo. Pedra porque quero oferecer-te, a ti e às tuas leitoras, as palavras que escuto quando me dedico ao tempo da terra. E pedra porque já fui, e logo serei novamente, lava do fogo que incendeia no agora, desde sempre, o centro da Terra.

Para aquelas que são capazes de escutar, *Não vão nos matar agora* é conjuro, anunciação. As que buscam rotas de fuga podem encontrar peças para construção de uma *bússola ética*, cujas setas não indicam nem o norte, nem o sul, mas o rastro dos caminhos das ancestrais — do futuro e das que já vieram, comprometidas com o *destino de criar raízes entre as estrelas*.

Te percebo assim, rastreando entre universos, coletando tudo que pode ser utilizado para escapar, estudando túneis ainda por escavar, mas já muito, muito antigos. O tracejar desse percurso não determina um espaço-tempo aonde se deve chegar, porque, como feitiços, não tem receita. É um caminho sem mapa, que depende da realização de uma sequência de gestos precisos, condicionados a posições singulares e cambiáveis.

Alguns desses textos eu leio em voz alta, para lembrar que palavras são perecíveis, e é quando elas desaparecem em nós que ganhamos, com elas, a habilidade de profanar o tempo.

Deixar que cada texto faça o que ele deve fazer, abraçar a transformação a que convocam, sem se prolongar mais do que o necessário. Não se trata de adesão total, mas de pregnância e movimento.

Notar, também, que teus escritos chegam em meio a tantos outros que insistem nas afirmações das humanidades ou, quando muito, tomam a não humanidade como tema. Você está entre aquelas que, dotadas de uma coragem peculiar e nada heroica, escrevem atentas à sua própria condição não humana e criam, assim, uma zona de contato com aquelas de nós cujas vidas são ditas impossíveis.

Não é exatamente a intenção de ensinar qualquer coisa sobre como atravessar esse tempo que encontro em tuas palavras, embora elas nos digam algo muito precioso sobre a travessia. Há algo neste livro que podemos chamar política: trata-se da articulação dos movimentos sensíveis, teóricos e poiéticos que não se encerram no desejo de Ser, mas transbordam e transtornam o movimento de tornar-se.

Quando te leio também lembro de Denise Ferreira da Silva e imagino estratégias para uma vida infinita, que em nada serve à manutenção das estruturas deste mundo. Incerta e impossível. Vida que não pretende ser preservada pelo mundo como o conhecemos. Infinita porque implicada com um mundo vivo. Quando te leio, coleto pistas para uma vida que não anseia se prolongar indefinidamente ou a qualquer custo pelo tempo linear.

Se o contrário da vida não é a morte, e sim o cativeiro e a escravidão, a vida infinita escorre para fora, além e aquém do destino que nos foi designado pelo futuro branco cis-heteropatriarcal. Percebendo isso, posso dizer: explodir em pó de estrelas e borbulhar em lava são trabalhos de decomposição vital, mais semelhantes entre si do que as imagens que temos para eles podem conceber.

Então este livro está comprometido com uma imaginação radical contra qualquer possibilidade de recentrar ontologicamente as questões do Ser. Colabora para transmutar os termos, as posições, os paradigmas. Ativa outras sensibilidades. É um trabalho de elaboração de forças, diagramas e dispositivos que estão comprometidos, em dimensões visíveis e invisíveis, com o contorno de uma bússola ética para que nos espalhemos entre a vida das pedras e das estrelas...

Com amor,
Cíntia

Referências bibliográficas

Texto

Butler, Octavia E. *Parable of the Sower*. Nova York: Four Walls Eight Windows, 1993.

Butler, Octavia E. *A parábola do semeador*. São Paulo: Morro Branco, 2018.

de Lacerda, João Batista. *O Congresso Universal das Raças reunido em Londres (1911): Apreciação e comentários*. Rio de Janeiro: Papelaria Macedo, 1911.

Ferreira da Silva, Denise. "Para uma Poética Negra Feminista: A Busca/Questão da Negridade para o (fim do) Mundo". Disponível em: <https://casadopovo.org.br/wp-content/uploads/2020/01/a-divida-impagavel.pdf>.

Mattiuzzi, Musa Michelle. "*merci beaucoup, blanco!* escrito experimento fotografia performance", *Oficina de Imaginação Política*. São Paulo: Bienal de São Paulo, 2016.

Mombaça, Jota. "Pode um cu mestiço falar?". Publicado no Medium em 6 jan. 2015. Disponível em: <https://medium.com/@jotamombaca/pode-um-cu-mestico-falar-e915ed9c61ee>.

Moten, Fred; Harney, Stefano. *The Undercommons:* Fugitive Planning & Black Study. Nova York: Autonomedia, 2013.

Moten, Fred. *Stolen Life*. Durham: Duke University Press, 2018.

Som

Jay-Z. "Moonlight". In: *4:44*. Los Angeles: Roc Nation, 2017.

Sonder. "To fast". In: *Into*. Lançamento independente (EUA), 2017.

Mombaça, Jota. "Lugar de fala e relações de poder". Entrevista concedida a Carla Fernandes para a Rádio AfroLis em 19-26 out. 2017. Partes 1 e 2 disponíveis em: <https://radioafrolis.com/2017/10/19/audio-166-lugar-de-fala-e-relacoes-de-poder-com-jota-mombaca-parte-i/> e <https://radioafrolis.com/2017/10/26/audio-167-lugar-de-fala-e-relacoes-de-poder-com-jota-mombaca-parte-ii/>.

Imagem

Singer, Bryan. *X-Men: Apocalipse.* Marvel Entertainment, 2016.

Mombaça, Jota. Lugar de escuta. Fala proferida no ciclo Vozes do Sul do Festival do Silêncio em 1º out. 2017. Disponível em: <https://www.facebook.com/jeferson.isaac/posts/1565386336857409?pnref=story>.

© Editora de Livros Cobogó, 2021

Coordenador da coleção
José Fernando Peixoto de Azevedo

Editora-chefe
Isabel Diegues

Edição
Aïcha Barat

Gerente de produção
Melina Bial

Revisão final
Eduardo Carneiro

Projeto gráfico e diagramação
Mari Taboada

Capa
Thiago Lacaz

Imagem da capa
Jota Mombaça e Musa Michelle Mattiuzzi, *2021 II*, 2019

Nesta edição, foi respeitado o Acordo Ortográfico da Língua Portuguesa de 1990, que entrou em vigor no Brasil em 2009.

CIP-Brasil. Catalogação na Publicação
Sindicato Nacional dos Editores de Livros, RJ

M743n

Mombaça, Jota, 1991- Não vão nos matar agora / Jota Mombaça. - 1. ed. - Rio de Janeiro : Cobogó, 2021.
144 p. ; 21 cm. (Encruzilhada)
ISBN 978-65-5691-026-0
1. Brasil - Condições sociais. 2. Ensaios brasileiros. I. Título. II. Série.
21-70481 CDD: 869.4
CDU: 82-4(81)

Todos os direitos em língua portuguesa reservados à

Editora de Livros Cobogó Ltda.
Rua Gen. Dionísio, 53, Humaitá
Rio de Janeiro — RJ — Brasil — 22271-050
www.cobogo.com.br